많은 학부모들이 선택한
독해력 향상의 길잡이

공습국어 초등독해는 2008년 첫 선을 보인 이래로 많은 학부모와 학생들로부터 남다른 관심과 사랑을 받고 있습니다. 공습국어 초등독해가 이렇게 짧은 시간 안에 초등 독해력 학습을 대표하는 교재로서 자리를 잡을 수 있었던 것은 아이들이 부담 없이 재미있게 공부할 수 있도록 놀이와 학습 요소를 적절히 배치하여 독해력 향상을 위해 꼭 알아야 할 필수 학습 내용을 쉽게 익힐 수 있도록 구성했기 때문입니다.

그런데 단계별로 교재의 수가 적어 서너 달이 지나면 더 이상 단계에 맞는 독해력 학습을 지속할 수 없는 문제가 있었습니다. 그렇다고 다음 단계로 넘어가는 것도 학년 수준에 맞지 않아 몇 달 동안 이어온 학습 흐름이 끊어질 수밖에 없었습니다.

이번에 추가로 독해력 교재를 출간하게 된 것은 **각 단계에 맞는 독해력 학습을 적어도 1년 정도는 꾸준히 진행할 수 있게 하기 위해서입니다.** 이렇게 함으로써 다음 단계를 학습할 때까지의 기간을 최소화하거나 바로 다음 단계로 넘어가더라도 큰 어려움 없이 적응할 수 있을 것입니다.

심화 교재는 기본 교재와는 다른 문제 유형으로 코너를 구성하였습니다. 이는 같은 유형을 반복함으로써 오는 지루함을 없애고 문제 풀이 방법이 관성화되는 것을 막기 위해서입니다. 또한 기존 독해력 교재에서 다루지 않았던 유형을 다룸으로써 글을 읽고 분석하는 능력을 좀 더 심화시키기 위해서입니다.

새로 출간한 공습국어 초등독해는 그간 독해력 교재를 이용해 온 학부모와 학생들의 의견을 반영한 산물입니다. 물론 새로운 교재 구성이나 내용을 모든 학부모와 학생이 만족스러워 할 것이라고 생각하지는 않습니다. 주니어김영사는 교재에 대한 질책과 격려 모두를 소중히 받아 안을 것입니다. 항상 열린 자세로 최대한 교재를 효과적으로 이용할 수 있도록 도와드릴 것이며 아울러 더 좋은 교재로 다가가기 위해 노력하겠습니다.

감사합니다.

공습국어 초등독해 학습 전략

" 공습국어 초등독해는 다양한 갈래의 글감 읽기를 통해 정독 습관을 길러주는 독해력 훈련 프로그램으로, 글의 구조와 내용을 파악하는 효과적인 절차와 방법을 습득함으로써 잘못된 읽기 습관을 바로 잡고 독해에 대한 자신감을 심어줍니다. "

기본과 심화의 연속된 독해 학습 과정

공습국어 초등독해는 전 과정이 학년에 따라 나누어져 있습니다. 크게 1·2학년, 3·4학년, 5·6학년 3개의 과정으로 이루어져 있습니다. 그리고 각 과정별로 기본 Ⅰ·Ⅱ·Ⅲ, 심화 Ⅰ·Ⅱ·Ⅲ 단계로 구성되어 있습니다.

과정	단계	
1·2학년	기본	Ⅰ, Ⅱ, Ⅲ 단계
	심화	Ⅰ, Ⅱ, Ⅲ 단계
3·4학년	기본	Ⅰ, Ⅱ, Ⅲ 단계
	심화	Ⅰ, Ⅱ, Ⅲ 단계
5·6학년	기본	Ⅰ, Ⅱ, Ⅲ 단계
	심화	Ⅰ, Ⅱ, Ⅲ 단계

기본 단계와 심화 단계는 서로 다른 구성과 학습 목표를 가지고 있습니다. 기본 단계는 낱말이 가지고 있는 기본적인 의미와 다른 낱말과 관계를 파악하는 단계입니다. 심화 단계는 유추와 연상 활동을 통해 낱말이 가지는 다양한 의미를 알고 정확하게 낱말을 읽고 쓰는 단계입니다.

기본 단계와 심화 단계는 서로 동떨어져 있는 것이 아니라 연속된 훈련 단계입니다. 따라서 공습국어 초등독해를 처음 시작하는 경우는 기본 단계부터 순서대로 학습하는 것이 학습 효과를 극대화할 수 있습니다.

물론 공습국어 초등독해 기본 단계로 학습한 경험이 있다면 각 과정의 심화 단계를 공부해도 괜찮습니다. 하지만 1·2학년 과정에서 기본 단계를 학습하고 현재 3학년이나 4학년이 되었다면 3·4학년 과정의 심화 단계보다는 3·4학년 과정의 기본 단계부터 시작하거나, 1·2학년 과정의 심화 단계를 한 다음 3·4학년 과정의 기본 단계로 넘어가는 것이 좋습니다.

글밥지도를 통해 글의 짜임과
내용을 한눈에 파악한다!

공습국어
초등독해의 특징

마인드맵을 이용한 독해력 훈련

공습국어 초등독해는 효과적인 학습 방법으로 주목을 받고 있는 마인드맵을 이용하여 글감의 짜임과 내용을 분석하고 정리하는 방법을 제시하고 있습니다. 글감의 중심 생각이나 소재를 가운데에 놓고 이로부터 생각의 가지를 뻗어나가면서 세부 주제와 관련된 내용을 정리하다 보면 어느새 글감의 전체 구조와 내용을 한눈에 파악할 수 있을 것입니다.

국어 평가 방향에 맞춘 갈래별 문제 구성

글의 갈래는 크게 정서를 표현하는 글, 설득하는 글, 정보를 전달하는 글로 구분할 수 있습니다. 글은 갈래별로 표현하는 방식이나 목적이 다르기 때문에 글을 읽을 때 갈래별 특성에 맞게 읽어야 합니다. 초등 국어 교육 과정에서도 갈래별 특성에 맞는 글 읽기를 위해 글감의 갈래에 따른 평가 방향을 정하여 놓고 있는데, 공습국어 초등독해는 이러한 평가 방향에 맞추어 갈래별로 문제를 구성하였습니다.

사실적 이해와 비판적 이해를 위한 전략 제시

사실적 이해와 비판적 이해는 글감의 내용을 입체적으로 파악하기 위해 거쳐야 할 필수 과정입니다. 따라서 공습국어 초등독해에서는 '글밥지도 그리기' 꼭지를 통해 글감의 사실적 이해를 다루었으며, '끄덕끄덕 공감하기'와 '요목조목 따져보기'를 통해 비판적, 추론적 이해를 다루었습니다. 사실적 이해 단계는 각 문단별 중심 내용과 글의 짜임, 그리고 글 전체를 간추리며 글의 중심 생각을 파악하는 것이라고 한다면, 비판적 이해 단계는 글쓴이의 의도를 이해하고 내용의 적절성에 대한 주관적, 객관적 판단을 하는 것이라고 볼 수 있습니다.

재미있고 다양한 생활 밀착형 글감 구성

공습국어 초등독해는 설명하는 글이나 설득하는 글과 같이 독해를 위한 기본 글감 이외에도 일상생활에서 자주 보게 되는 광고문이나 기사문, 아이들이 직접 쓰는 일기, 보고문, 기록문, 감상문 등 여러 형식의 글감을 다양하게 싣고 있습니다. 이렇게 친숙한 소재와 형식의 글들은 독해에 대한 부담을 줄이고 재미있게 글을 읽을 수 있도록 도와줍니다.

마인드맵과 독해력

마인드맵은 영국의 언론인이자 교육심리학자인 토니 부잔(Tony Buzan)이라는 사람이 고안해낸 두뇌 계발 및 생각 정리의 기법입니다. 토니 부잔은 대학 시절 자신이 연구해야 할 분량이 점점 많아지자 이를 효과적으로 정리하고 기억할 수 있는 방법이 없는지 고민을 하게 됩니다. 이 당시 그가 방법을 찾기 위해 스스로에게 던진 질문을 보면 마인드맵이 어떤 유용한 역할을 수행할 수 있는지를 엿볼 수 있는데 몇 가지 질문의 예를 들자면 다음과 같은 것이 있었습니다.

- 어떻게 배울 것인가?
- 사고의 본질은 무엇인가?
- 기억에 가장 도움이 되는 학습 기법은 무엇인가?
- 독서에 가장 도움이 되는 방법은 무엇인가?
- 창조적 사고에 가장 효과적인 학습 방법은 무엇인가?

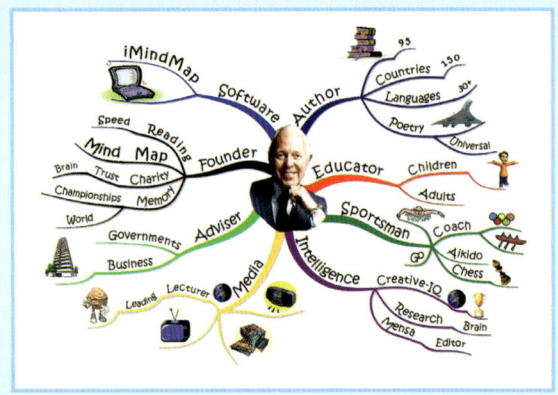

▲ 토니 부잔의 마인드맵 이미지

토니 부잔이 스스로에게 던진 질문 가운데 '독서에 가장 도움이 되는 방법은 무엇인가?'라는 것이 있습니다. 이는 책을 읽고 책의 내용을 정리하는 방법으로서 마인드맵의 역할을 이미 고려하고 있었다는 것을 알 수 있습니다. 실제로 그의 바람대로 마인드맵은 책의 내용을 분석하고 정리하는 데 가장 효과적인 수단이 되고 있습니다.

마인드맵은 학습 방법으로도 그 효과가 매우 뛰어나 실제로 많은 학생들이 공부한 내용을 정리하는데 적극적으로 활용하고 있습니다. 〈공부 9단 오기 10단〉의 저자로 잘 알려진 박원희나 미스코리아 출신으로 하버드에 합격한 금나나 등 공부 잘하는 사람들의 공부 방법을 들여다보면 마인드맵을 비중 있게 활용하고 있음을 쉽게 확인할 수 있습니다.

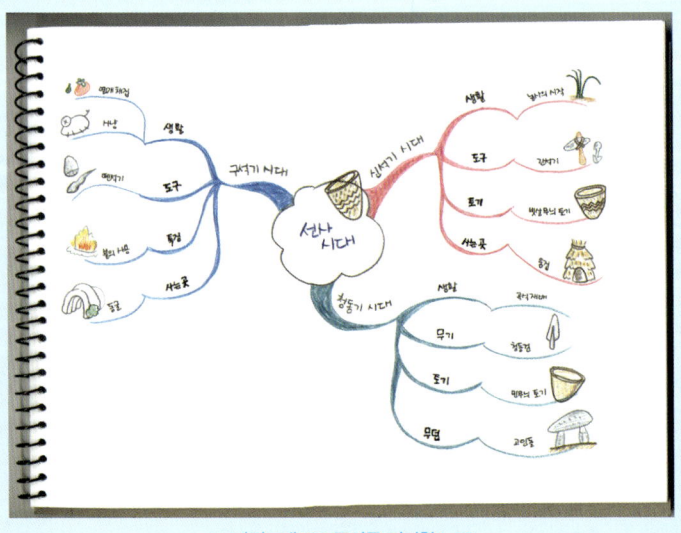

▲ 마인드맵으로 국사를 정리한 노트

마인드맵(Mind map)은 주제와 관련된 세부 내용들을 여러 갈래로 가지를 그려나가며 체계적으로 정리하는 것으로 학습 방법으로도 그 효과가 매우 뛰어나 실제로 많은 학생들이 공부한 내용을 정리하는데 적극적으로 활용하고 있습니다.

마인드맵을 그리는 방법은 토니 부잔의 마인드맵 이미지를 보면 알 수 있듯이 매우 간단합니다. 중심이 되는 주제나 생각을 가운데에 놓고 중심 생각과 관련 있는 주제들을 나뭇가지처럼 배열하면 됩니다. 만약 주제와 연관된 하위 주제나 생각이 있다면 상위 주제에 새로운 가지를 연결하여 내용을 적어주면 되는데 과장해서 표현하자면 생각의 가지는 새로운 주제나 내용이 있는 한 무한대로 연결할 수 있을 것입니다.

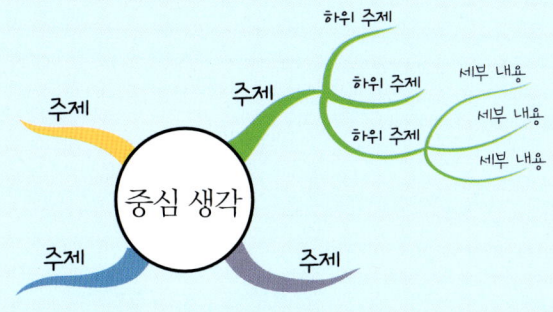

▲ 마인드맵을 그리는 기본적인 방법

그리고 마인드맵을 그릴 때 주제나 세부 내용과 관계된 도식이나 이미지를 첨부한다면 좀 더 풍부하고 재미있게 마인드맵을 꾸밀 수 있고 나중에 내용을 파악하는데도 많은 도움이 됩니다.

마인드맵의 가장 큰 장점은 세부적인 내용을 효과적으로 정리할 수 있는 것도 있지만 무엇보다도 전체적인 줄기를 파악할 수 있다는 것과 많은 내용 중 핵심적인 내용만 축약하여 한눈에 볼 수 있다는 것입니다.

이와 같은 장점은 앞에서도 언급했듯이 책의 내용을 분석하고 정리하는 데 매우 효과적입니다. 책에는 전달하고자 하는 주제가 있고, 이야기나 사건이 있으며, 그런 이야기나 사건을 구성하는 인물이나 배경, 그리고 다양한 정보들이 글의 구조와 인과 관계에 따라 촘촘히 배치되어 있습니다. 이렇게 많은 내용들을 종이 한 장에 정리해야 한다고 할 때 무엇을 어떻게 시작해야 할지 막막할 것입니다. 그러나 마인드맵을 그릴 수 있다면 짧은 시간 안에 핵심적인 내용들을 어렵지 않게 정리할 수 있습니다. 아래의 그림은 흥부와 놀부 이야기를 간단하게 마인드맵으로 정리해 본 것입니다. 글의 갈래마다 글의 내용을 파악하기 위한 기본적인 주제들이 있으므로 어떻게 주제를 잡아야 할지 모르겠다면 기본 주제들을 가지고 가지로 연결하면 누구나 쉽게 마인드맵을 그릴 수 있습니다.

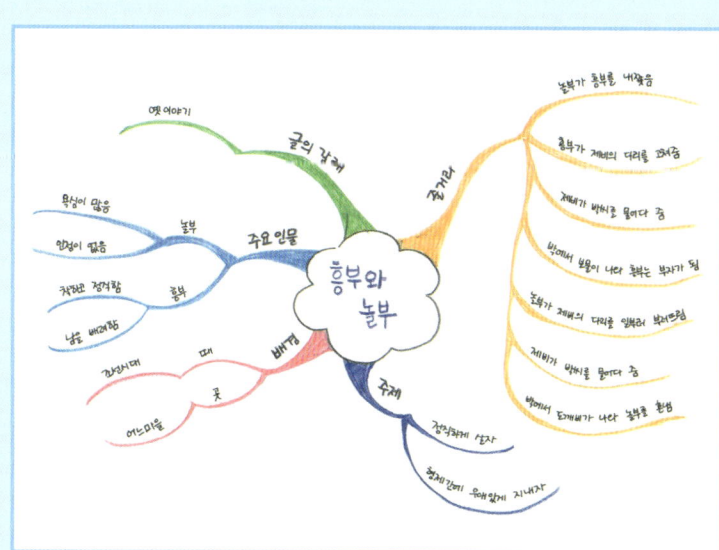

▲ 간단한 독서 마인드맵의 예

공습국어 초등독해는 마인드맵을 통한 독해 훈련 워크북이라고 불릴 수 있을 만큼 글감의 짜임과 내용을 파악하는 방법으로 마인드맵을 적극적으로 활용하고 있습니다. 이 교재를 마칠 때쯤이면 어떤 책을 보던지 빈 종이에 책의 내용을 마인드맵으로 쉽고 정확하게 정리해 낼 수 있을 것입니다.

교재 구성 한눈에 보기

제시문

'꼼꼼히 집중하여 읽기'의 가장 첫 번째 활동은 바로 오늘 읽어야 할 글을 읽는 것입니다. 제시문은 이야기 글, 전래 동요, 극본 등 정서를 표현하는 글과 설명하는 글, 광고하는 글 등의 정보를 전달하는 글, 주장하는 글, 부탁(제안)하는 글 등의 설득하는 글로 이루어져 있으며 소재 및 주제 또한 다양하게 구성되어 있습니다.

- 정서를 표현하는 글, 정보를 전달하는 글, 설득하는 글을 세분화하여 다양한 갈래의 글로 구성되어 있습니다.

- 오늘 읽어 볼 제시문의 갈래가 표시되어 있습니다.

- 해당 단원을 푸는 데 걸린 시간을 적습니다.

01 꼼꼼히 집중하여 읽기

글의 갈래 : 일기
걸린 시간 : 분 초

오늘 읽어 볼 글입니다. 차근차근 잘 읽고, 문제를 풀어 보세요.

20○○년 ○○월 ○○일 날씨 : 하늘에 구름이 잔뜩 낌

학교가 끝나고 친구들과 이야기를 나누며 집으로 가는 길이었다. 길을 건너려고 횡단보도 앞에 서 있는데 뭔가 이상한 느낌이 들었다.
"으악, 이게 뭐야?"
내가 그만 껌을 밟은 것이었다. 껌은 오른쪽 운동화 바닥에 찰싹 달라붙어 있었다. 나는 껌을 떼어 내려고 왼쪽 발로 껌을 밟고 오른쪽 발을 들었다. 그러자 껌이 엿가락처럼 죽 늘어나더니 툭 하고 끊어졌다. 맙소사! 껌이 왼쪽 운동화에까지 붙어 버리고 말았다. 나는 껌을 떼어 내려고 양쪽 발을 번갈아 가며 신발에 붙은 껌을 밟았다. 그럴 때마다 껌이 이리 붙었다 저리 붙었다 하며 떨어질 줄 몰랐다. 내가 껌을 떼어 내려고 폴짝폴짝 뛰는 모습이 우스웠는지 친구들과 지나가던 사람들이 깔깔거리며 웃었다.
친구가 도와주어서 겨우 껌을 떼어 내긴 했지만 무척 창피했다. 그리고 길바닥에 함부로 껌을 뱉는 사람들이 정말 미웠다.

공습국어 초등독해는 모두 30회 과정으로 구성되어 있습니다. 꼼꼼히 집중하여 읽기는 각 회별로 다양한 갈래 폭넓은 주제를 다룬 제시문과 앞에서 읽은 글의 내용을 마인드맵으로 그리며 정리하는 '글밥지도 그리기', 사실적 이해력과 비판적 이해력, 그리고 추론 능력을 향상시킬 수 있는 '끄덕끄덕 공감하기', '요목조목 따져보기'로 구성되어 있습니다.

글밥지도 그리기

앞에서 읽은 글의 내용 및 구조를 마인드맵으로 그려 보는 꼭지입니다. 핵심적인 단어와 문장을 정리해 본 다음, 글의 짜임, 문단, 순서, 구성을 살펴보고 글과 어울리는 제목을 찾아볼 수 있도록 구성되어 있습니다.

주제 찾기
글의 중심 소재나 주제, 인물 등을 보기에서 찾아봅니다. 주제 상자에는 주제를 찾는 데 힌트가 되는 이미지가 삽입되어 있어 보다 쉽게 문제를 해결할 수 있습니다.

글밥지도 채우기
글의 내용 중 핵심적인 단어나 문장을 보기에서 찾아봅니다.

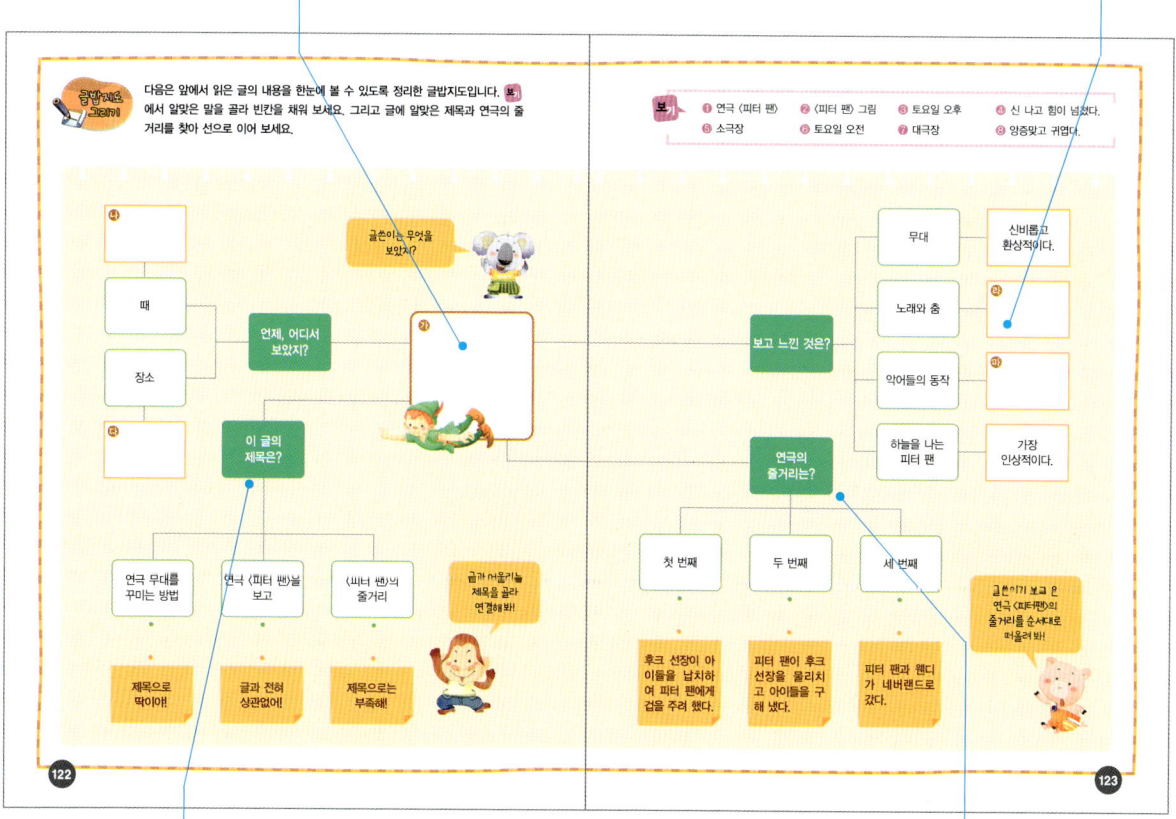

제목 찾기
글에 가장 알맞은 어울리는 제목을 찾아 선으로 연결해 봅니다. 글의 제목은 글쓴이의 중심 생각이 들어 있는 핵심적인 내용이므로 글과 제목 후보와의 관계에 대해 고민하는 사이에 사고력과 글의 핵심을 찾아내는 감각을 동시에 기를 수 있습니다.

구성 파악하기
글의 짜임과 구성, 사건의 순서, 문단과 문단의 관계 및 문단의 내용을 정리해 선으로 연결해 봅니다. 이 과정을 통해 글의 흐름이나 구성을 한눈에 파악할 수 있습니다.

끄덕끄덕 공감하기, 요목조목 따져보기

제시문을 읽고 글밥지도를 그리며 파악한 글의 내용과 주제에 대해 다시 한번 생각하고 정리해 봅니다. 제시문의 갈래가 정서를 표현하는 글일 경우에는 '끄덕끄덕 공감하기', 논리적인 글일 경우에는 '요목조목 따져보기' 꼭지를 활동해 봅니다.

'끄덕끄덕 공감하기' 꼭지의 첫 번째 문항에서는 등장인물의 생각이나 느낌을 정리하거나, 그것에 대한 나의 의견이나 비슷한 경험에 대해 짧게 적습니다. 등장인물에 대해 공감하고, 이해한 다음 이것을 바탕 나의 생각 및 태도와 연결 지어 보며 공감적 이해력 및 창의력을 기를 수 있습니다.

끄덕끄덕 공감하기와 요목조목 따져보기 꼭지의 두 번째 문항은 모두 글을 읽고 바른 의견 또는 바르지 못한 의견을 낸 친구를 찾아내는 사지선다형 활동입니다. 이를 통해 앞서 읽은 글의 내용을 정리하며 비판적 이해력과 추론적 이해력을 향상시킬 수 있습니다.

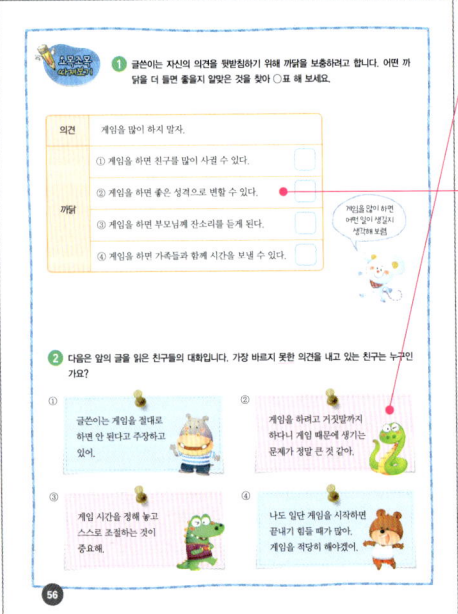

'요목조목 따져보기' 꼭지의 첫 번째 문항에서는 앞에서 읽은 글의 구조와 내용을 확인하거나, 글쓴이의 주장과 근거를 따져 봅니다. 이를 통해 사실적 이해력을 넘어 비판적 사고력을 기를 수 있습니다.

공습국어 초등독해의 지문 구성 및 읽기 전략

> 공습국어 초등독해의 특징은 갈래별 글읽기입니다. 각 회에 수록된 제시문은 크게 정서를 표현하는 글과 논리적인 글로 나누어볼 수 있습니다. 공습국어 초등독해의 지문 구성과 이에 따른 갈래별 읽기 전략은 다음과 같습니다.

하나. 공습국어 초등독해 지문 구성

공습국어 초등독해 지문은 크게 정서를 표현하는 글과 논리적인 글로 나뉘어 골고루 수록되어 있습니다. 1·2학년의 경우 두 갈래의 비중이 같고, 5·6학년의 경우 논리적인 글의 수가 더 많습니다.

정서를 표현하는 글
- 이야기 글
- 일기 · 편지
- 감상문
- 기행문
- 동요 · 동시 · 시조

논리적인 글

설득하는 글		정보를 전달하는 글		
주장(설득)하는 글	부탁(제안)하는 글	설명하는 글	보고하는 글	광고하는 글

둘. 갈래별 읽기 전략

공습국어 초등독해에서는 초등교육과정을 바탕으로 다음과 같이 갈래별 읽기 전략을 제시하고 활동을 구성하였습니다.

정서를 표현하는 글 → 공감하며 읽기
- 등장인물의 대사와 행동을 통해 성격 알아보기
- 이야기의 흐름과 순서 알아보기
- 이야기의 원인과 결과 알아보기
- 등장인물의 마음이나 생각 짐작하여 내 생각과 비교하기
- 이어질 내용이나 새로운 내용 꾸며 쓰기

설득하는 글 → 비판하며 읽기
- 글쓴이의 의견이나 주장 파악하기
- 주장에 따른 근거가 적절한지 판단하기
- 글쓴이의 생각과 내 생각 비교하기

정보를 전달하는 글 → 확인하며 읽기
- 이미 알고 있었던 내용과 새로 알게 된 내용 구별하기
- 글을 통해 알게 된 정보 정리하기
- 새로 알게 된 내용 활용하기

글밥지도 그리기는 이렇게 풀어요!

❶ 글밥지도를 그리기 전, 지시문을 꼼꼼하게 살펴보세요. 빈칸을 채워넣는 활동은 매회 반복되지만 제목과 글의 구조, 글의 흐름을 파악하는 활동은 회마다 조금씩 차이가 있기 때문에 지시문을 잘 살펴 보아야 합니다.

❷ 지시문을 이해한 다음엔 글밥지도의 중심이 될 단어를 찾습니다. 주제 상자 옆이나 위에 놓인 지시문을 잘 읽고 정답을 보기에서 찾아 써 봅니다. 이야기의 등장인물, 글의 중심 소재 및 주제, 시의 화자나 지은이가 주로 글밥지도의 중심에 놓이게 됩니다. 이때 주제 상자에 그려진 이미지가 정답의 힌트가 되니 참고하세요.

❹ 글밥지도의 모든 빈칸을 채웠다면, 다음으로 글에 어울리는 제목을 찾아 선으로 연결해 봅니다.

글밥지도 그리기
다음은 앞에서 읽은 글의 내용을 한눈에 볼 수 있도록 정리한 글밥지도입니다. 보기에서 알맞은 말을 골라 빈칸을 채워 보세요. 그리고 글에 알맞은 제목과 연극의 줄거리를 찾아 선으로 이어 보세요.

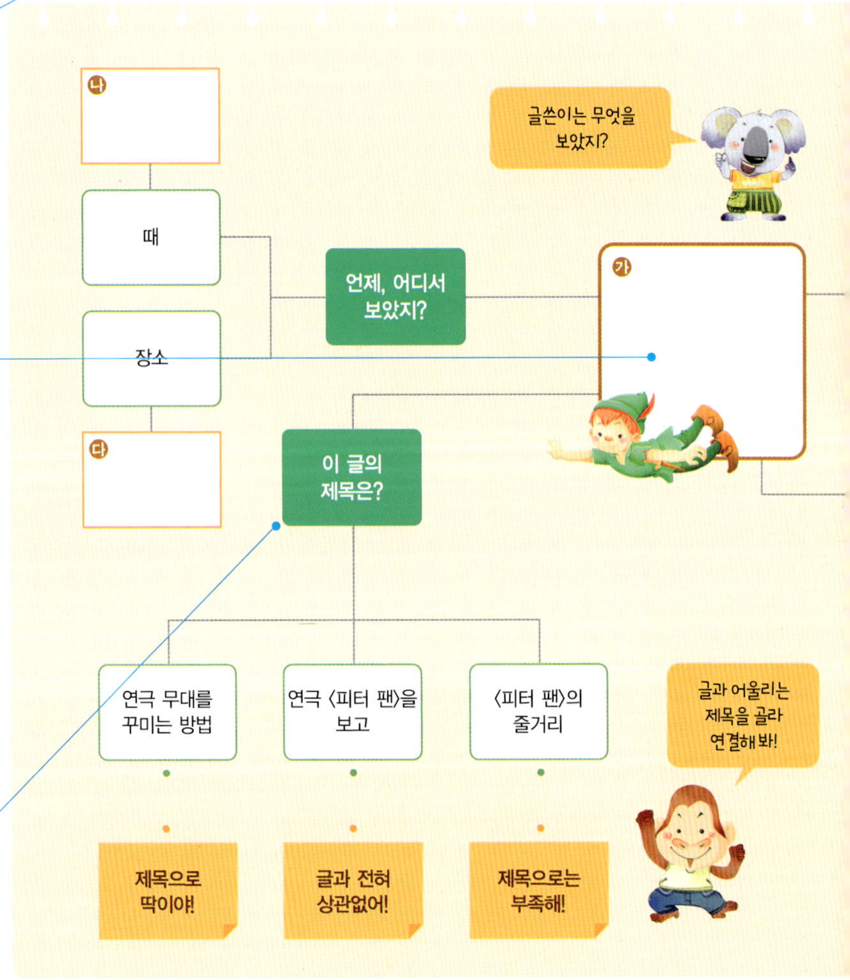

- 나
- 때
- 장소
- 다
- 언제, 어디서 보았지?
- 글쓴이는 무엇을 보았지?
- 가
- 이 글의 제목은?
  - 연극 무대를 꾸미는 방법
  - 연극 〈피터 팬〉을 보고
  - 〈피터 팬〉의 줄거리
- 글과 어울리는 제목을 골라 연결해 봐!
  - 제목으로 딱이야!
  - 글과 전혀 상관없어!
  - 제목으로는 부족해!

'글밥지도 그리기'는 오늘 읽은 제시문을 마인드맵 형식의 글밥지도로 표현해 보는 활동입니다. 가장 핵심적이었던 단어, 인물을 주제로 삼아 마인드맵의 형식으로 글의 내용을 체계적으로 정리해 본 다음, 글의 제목과 짜임에 대해 생각해 봅니다. 글밥지도에는 제시문에서 다루어진 중요한 내용을 확인하는 4~8개의 빈칸과 제목 찾기, 문단 내용 찾기 등 1~2가지의 선 긋기 활동이 있습니다.

보기
① 연극 〈피터 팬〉 ② 〈피터 팬〉 그림 ③ 토요일 오후 ④ 신 나고 힘이 넘쳤다.
⑤ 소극장 ⑥ 토요일 오전 ⑦ 대극장 ⑧ 앙증맞고 귀엽다.

❸ 글밥지도의 중심 단어를 찾았다면, 다음으로 글의 주요 내용들을 살펴봅니다. 글의 내용을 정리한 글밥지도의 가지에 놓인 ㉯~㉰의 빈칸을 보기에서 알맞은 단어를 골라 채웁니다. 이때 반드시 ㉯~㉰의 순서대로 빈칸을 채워야 하며, 될 수 있으면 번호와 단어 또는 문장을 모두 적는 것이 좋습니다. 정답 상자의 공간이 부족하다면 번호만 적도록 합니다. 빈칸에 들어갈 말이 헷갈릴 경우에는 같은 가지에 놓인 다른 단어나 문장을 참고하면 보다 쉽게 해결할 수 있습니다.

❺ 글의 흐름이나, 구성, 글의 짜임을 확인하여 선으로 연결해 봅니다.
문학적인 글에서는 사건의 순서와 발단 – 전개 – (위기) – 절정 – 결말의 이야기의 구성을 주로 살펴보고, 논리적인 글에서는 처음 – 가운데 – 끝의 글의 구조나 문단의 내용을 주로 따져봅니다. 필요하다면 제시문을 다시 한번 읽어보며 풀이해도 좋습니다.

보고 느낀 것은?
- 무대 — 신비롭고 환상적이다.
- 노래와 춤 — ㉰
- 악어들의 동작 — ㉱
- 하늘을 나는 피터 팬 — 가장 인상적이다.

연극의 줄거리는?
- 첫 번째: 후크 선장이 아이들을 납치하여 피터 팬에게 겁을 주려 했다.
- 두 번째: 피터 팬이 후크 선장을 물리치고 아이들을 구해 냈다.
- 세 번째: 피터 팬과 웬디가 네버랜드로 갔다.

글쓴이가 보고 온 연극 〈피터팬〉의 줄거리를 순서대로 떠올려 봐!

끄덕끄덕 공감하기, 요목조목 따져보기는 이렇게 풀어요!

끄덕끄덕 공감하기 활동 보기

등장인물 (또는 글쓴이)의 마음이나 느낌을 파악하는 활동입니다. 보기에서 알맞은 단어를 골라 쓰거나, 체크박스에 ∨표 합니다.

제시문에서 살펴본 전래 동요와 동시 등을 새롭게 창작해 봅니다. 보기를 이용한 활동이지만 정답이 없으므로 어린이 스스로 다양한 표현을 사용해 보는 것도 좋습니다.

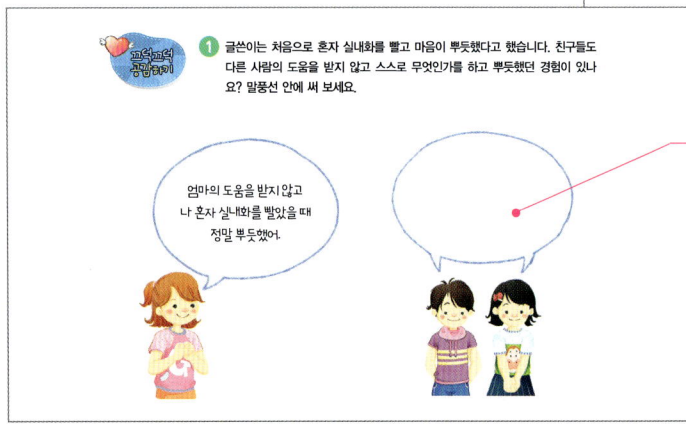

등장인물 (또는 글쓴이)의 생각과 느낌, 경험을 알아보고, 자신의 생각과 경험을 간단히 써 봅니다.

정서를 표현하는 글에 해당하는 제시문을 읽은 다음에는 '끄덕끄덕 공감하기' 꼭지를, 논리적인 글에 해당하는 제시문을 읽은 다음에는 '요목조목 따져보기' 꼭지를 공부합니다. 앞의 두 꼭지는 각각 2가지 활동으로 구성되어 있습니다.
'끄덕끄덕 공감하기'의 경우 등장인물들의 성격이나 느낌 파악하기, 등장인물의 입장이 되어 생각해 보기, 새롭게 창작하기 등의 활동이 주를 이루며, '요목조목 따져보기'의 경우 글의 구조 정리하기, 요약하기, 글쓴이의 주장과 근거 따져보기, 글을 통해 알게 된 정보 활용하기 등의 활동으로 구성되어 있습니다.

요목조목 따져보기 활동 보기

주장하는 글을 읽은 후, 글쓴이가 제기한 문제 상황과 주장 그리고 알맞은 근거를 정리해 보는 활동입니다. 주장을 뒷받침하는 또는 뒷받침하지 못하는 근거를 찾아 체크박스에 ○표 또는 ∨표를 합니다.

문제 상황	일회용품을 아무 생각 없이 사용하고 있다.
주장	일회용품 사용을 줄이자.
까닭	① 일회용품은 편리하다. ☐ ② 일회용품 때문에 자원이 낭비된다. ☐ ③ 일회용품 사용은 환경을 오염시킨다. ☐

설명하는 글이나 소개하는 글을 읽은 다음 글에 담긴 정보를 확인합니다. 글에서 다루고 있는 정보들을 정리하고 자신이 알고 있었던 정보와 몰랐던 정보를 정리할 수 있습니다. 지시문에 따라 ○표 또는 ∨표 합니다.

다음은 글쓴이가 거미 박물관을 다녀와서 새롭게 알게 된 것을 정리한 것입니다. 잘못 정리한 것을 찾아 ∨표 해 보세요.

새롭게 알게 된 것	
① 거미의 엉덩이를 건드리면 거미가 앞으로 움직인다.	☐
② 거미줄은 가늘고 질기다.	●
③ 거미 한 마리가 1년 동안 약 30만 마리의 해충을 잡아먹는다.	☐
④ 거미줄로 수술용 실이나 방탄조끼를 만든다.	☐
⑤ 모든 거미가 독을 가지고 있다.	☐

공통 활동 보기

제시문을 바르게 이해한 사람 또는 바르지 않게 이해한 사람을 고르는 활동입니다. 사실적 이해력, 비판적 이해력을 측정할 수 있으며 보기를 읽어 본 후 지시문에 따라 정답 번호를 적습니다.

다음은 앞의 글을 읽은 친구들의 대화입니다. 가장 바르지 못한 의견을 내고 있는 친구는 누구인가요?

① 나중에 이 일기를 읽어 보면 오늘 있었던 일과 느낌이 생생하게 기억날 거야.

② '하늘에 구름이 잔뜩 낌.' 이라고 쓴 것을 보니 날씨가 잔뜩 흐렸나 봐.

③ 다른 사람이 내 일기를 읽을 수도 있으니까 높임말로 써야 해.

④ 껌이 늘어난 모습을 '엿가락처럼 죽 늘어났다.'고 실감나게 표현하였어.

꾸준함이 독해력을 키우는 가장 좋은 방법입니다!
공습국어 초등독해의 활용

 하나 처음 일주일 정도는 아이와 함께 하세요

공습국어 초등독해의 코너 구성과 문제 유형을 아이가 이해할 수 있도록 일주일 정도는 아이와 함께 문제를 풀어보세요. 각각의 문제 유형을 설명해주고, 채점을 통해 아이에게 미진한 부분이 있으면 다시 설명해주면서 아이가 혼자서도 충분히 문제를 해결할 수 있도록 도와주세요.

 둘 꾸준히 학습할 수 있는 환경을 만들어 주세요

매일 1회분씩 학습 진도를 나가는 것이 가장 이상적이긴 하지만 현실적으로 불가능한 경우가 많습니다. 따라서 매일이 아니더라도 꾸준히 교재를 볼 수 있도록 학습 스케줄을 잡아 주세요. 이때 부모님이 일방적으로 결정하지 마시고 아이와 충분히 상의하여 가능한 아이의 의견이 반영되도록 해주세요. 그래야만이 학습 과정에 대한 아이의 주체적 참여를 유도할 수 있습니다.

 셋 기본 단계부터 순서대로 학습할 수 있도록 해 주세요

공습국어 초등독해 심화 단계는 문제 유형이나 내용이 기본 단계에 비해 다소 복잡하거나 어렵습니다. 따라서 독해력 학습을 처음 시작하는 경우라면 기본 단계부터 순서대로 교재를 보는 것이 좋습니다. 물론 이전에 독해력 교재를 보았거나 국어 실력이 상위권이라면 심화 단계부터 시작해도 괜찮습니다.

 넷 문제 풀이에 걸리는 적정한 시간은 10분 내외입니다

공습국어 초등독해 1회분에 해당하는 문제를 푸는 데 걸리는 시간은 대략 10분 정도면 충분합니다. 하지만 교재의 문제 유형이 익숙하지 않은 초반에는 이보다 시간이 더 걸릴 수도 있습니다. 따라서 일정 기간 동안은 문제 풀이 시간에 구애 받지 않고 아이가 편하게 문제를 풀면서 교재에 적응할 수 있도록 배려해 주세요.

차례
Contents

1·2학년 심화Ⅲ

01회		017
02회		021
03회		025
04회		029
05회		033
06회		037
07회		041
08회		045
09회		049
10회		053
11회		057
12회		061
13회		065
14회		069
15회		073

16회		077
17회		081
18회		085
19회		089
20회		093
21회		097
22회		101
23회		105
24회		109
25회		113
26회		117
27회		121
28회		125
29회		129
30회		133

정답과 해설

공습국어를 시작하며

이제 본격적인 독해력 공부를 시작하게 돼요.
크게 숨을 한 번 내쉬면서 마음을 가다듬어 보세요.
책을 끝까지 볼 수 있을까? 문제가 어렵지는 않을까? 하는 걱정이
들기도 하겠지만 막상 시작해보면 괜한 걱정이었다 싶을 거예요.
한 번에 밥을 많이 먹으면 탈이 날 수 있는 것처럼
하루에 1회씩만 꾸준히 풀어 보세요.
그러다 보면 어느새 독해력이 무럭무럭 자라나
있는 걸 볼 수 있을 거예요.
자 그럼 이제 출발해 볼까요?

01 꼼꼼히 집중하여 읽기

글의 갈래 | 일기
걸린 시간 | 분 초

 오늘 읽어 볼 글입니다. 차근차근 잘 읽고, 문제를 풀어 보세요.

20○○년 ○○월 ○○일   날씨 : 하늘에 구름이 잔뜩 낌

 학교가 끝나고 친구들과 이야기를 나누며 집으로 가는 길이었다. 길을 건너려고 횡단보도 앞에 서 있는데 뭔가 이상한 느낌이 들었다.
 "으악, 이게 뭐야?"
 내가 그만 껌을 밟은 것이었다. 껌은 오른쪽 운동화 바닥에 찰싹 달라붙어 있었다. 나는 껌을 떼어 내려고 왼쪽 발로 껌을 밟고 오른쪽 발을 들었다. 그러자 껌이 엿가락처럼 죽 늘어나더니 툭 하고 끊어졌다. 맙소사! 껌이 왼쪽 운동화에까지 붙어 버리고 말았다. 나는 껌을 떼어 내려고 양쪽 발을 번갈아 가며 신발에 붙은 껌을 밟았다. 그럴 때마다 껌이 이리 붙었다 저리 붙었다 하며 떨어질 줄 몰랐다. 내가 껌을 떼어 내려고 폴짝폴짝 뛰는 모습이 우스웠는지 친구들과 지나가던 사람들이 깔깔거리며 웃었다.
 친구가 도와주어서 겨우 껌을 떼어 내긴 했지만 무척 창피했다. 그리고 길바닥에 함부로 껌을 뱉는 사람들이 정말 미웠다.

다음은 앞에서 읽은 글의 내용을 한눈에 볼 수 있도록 정리한 글밥지도입니다. 보기 에서 알맞은 말을 골라 빈칸을 채워 보세요. 그리고 글에 알맞은 제목을 찾아 선으로 이어 보세요.

- 나
- 다
- 언제
- 어디서
- 언제 어디서 일어났지?
- 운동화에 뭐가 붙었지?
- 가 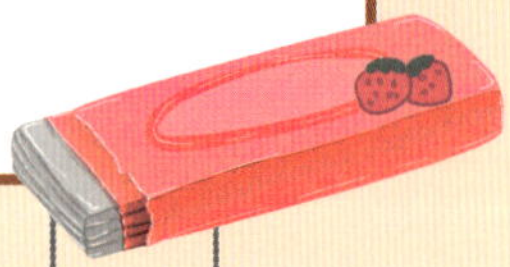
- 이 글의 제목은?

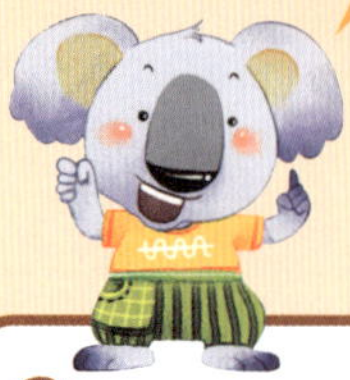

글에 어울리는 제목을 골라 연결해 봐!

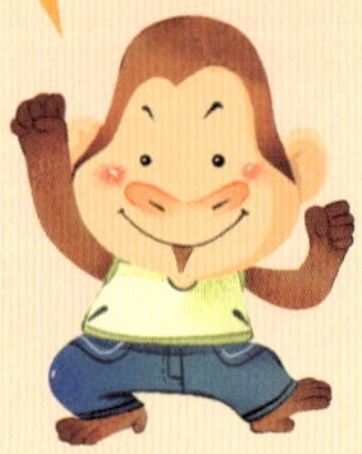

- 횡단보도 앞에서 — 제목으로 딱이야!
- 껌을 함부로 뱉는 사람이 미워요 — 글과 전혀 상관없어!
- 엿가락 늘이기 — 제목으로는 부족해!

보기
① 껌　　② 운동화　　③ 집에 가는 길
④ 학교에 가는 길　　⑤ 학교　　⑥ 횡단보도 앞
⑦ 구두　　⑧ 창피하다.

무슨 일이 일어났지?
- 오른쪽 [라] 에 껌이 달라붙었다.
- 껌을 떼어 내려다 왼쪽 운동화에도 껌이 붙었다.
- 껌을 떼어 내리는 모습을 보고 사람들이 웃었다.
- 친구의 도움으로 껌을 떼어 냈다.

어떤 기분이었지?
- [마]
- 길바닥에 껌을 뱉는 사람이 밉다.

글쓴이의 입장이 되어 생각해 봐!

1 글쓴이는 친구들과 이야기를 나누며 집으로 가다가 껌을 밟았습니다. 이 글에서 글쓴이의 마음이 어떻게 변하고 있는지 보기 에서 골라 답해 보세요.

보기: 창피하다.　무섭다.　즐겁다.　짜증난다.

2 다음은 앞의 글을 읽은 친구들의 대화입니다. 가장 바르지 못한 의견을 내고 있는 친구는 누구인가요?

① 나중에 이 일기를 읽어 보면 오늘 있었던 일과 느낌이 생생하게 기억날 거야.

② '하늘에 구름이 잔뜩 낌.'이라고 쓴 것을 보니 날씨가 잔뜩 흐렸나 봐.

③ 다른 사람이 내 일기를 읽을 수도 있으니까 높임말로 써야 해.

④ 껌이 늘어난 모습을 '엿가락처럼 죽 늘어났다.'고 실감나게 표현하였어.

02 꼼꼼히 집중하여 읽기

| 글의 갈래 | 소개하는 글 |
| 걸린 시간 | 분   초 |

 오늘 읽어 볼 글입니다. 차근차근 잘 읽고, 문제를 풀어 보세요.

안녕하세요? 내 이름은 김연지예요.

친구들에게 나를 소개하는 까닭은 많은 친구들을 사귀고 싶어서예요.

내가 좋아하는 음식은 카레예요. 고기와 여러 가지 채소가 들어 있는 카레만 있으면 밥을 두 공기나 먹어요. 싫어하는 음식은 비릿한 맛이 나는 콩이에요. 그래서 밥에 들어 있는 콩을 골라내다가 엄마께 혼난 적도 많아요. 내가 세상에서 제일 좋아하는 사람은 아빠예요. 아빠는 내가 잘못을 해도 언제나 내 편이 되어 주신답니다. 싫어하는 사람은 잘 안 씻는 사람이에요. 왜냐하면, 옆에 있으면 냄새가 나고, 나쁜 병균을 옮길 것 같기 때문이에요.

나는 피아노를 무척 잘 친답니다. '어린이 피아노 발표 대회'에서 은상을 타기도 했어요. 하지만 노래는 잘 못해요. 내가 노래를 부르면 사람들이 귀를 막아서 슬퍼요. 그래서 노래를 잘하는 친구가 정말 부러워요.

친구들이 나에 대하여 잘 알았으면 좋겠어요. 그리고 친구들과 많이 친해지고 싶어요. 김연지를 꼭 기억해 주세요.

다음은 앞에서 읽은 글의 내용을 한눈에 볼 수 있도록 정리한 글밥지도입니다. 보기에서 알맞은 말을 골라 빈칸을 채워 보세요. 그리고 글에 알맞은 제목을 찾아 선으로 이어 보세요.

글쓴이의 이름이 뭐였지?

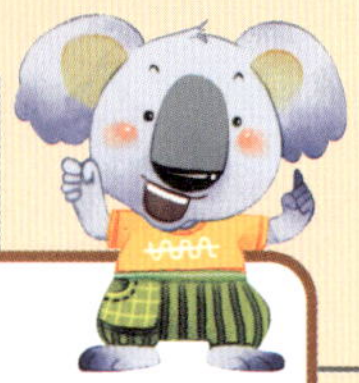

나 ▢ ― 소개하는 까닭은? ― 가 ▢

고기와 채소가 들어 있어서 ― 카레라이스

다 ▢ ― 아빠

― 좋아하는 것과 까닭은?

이 글의 제목은?

- 잘 씻어야 하는 까닭 → 제목으로 딱이야!
- 내가 잘하는 것과 못하는 것 → 글과 전혀 상관없어!
- '김연지'를 소개합니다 → 제목으로는 부족해!

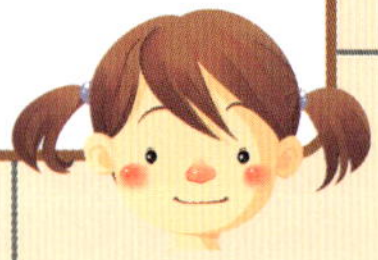

글에 어울리는 제목을 골라 연결해 봐!

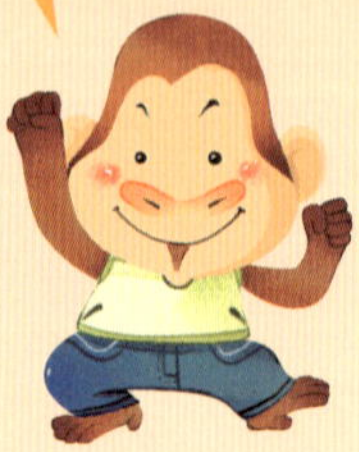

보기

❶ 김연지　　❷ 많은 친구를 사귀고 싶어서　　❸ 나에 대해 자랑하려고
❹ 콩을 많이 주시므로　　❺ 내 편이 되어 주시므로　　❻ 비릿한 맛이 나서
❼ 밥에 들어 있어서　　❽ 냄새가 나서

- 싫어하는 것과 까닭은?
  - 콩
    - 라:
  - 안 씻는 사람
    - 마:
    - 병균을 옮길 것 같아서
- 잘하는 것과 못하는 것은?
  - 잘하는 것 — 피아노 치기
  - 못하는 것 — 노래 부르기

> 연지가 좋아하는 것과 싫어하는 것, 잘하는 것과 못하는 것을 떠올려 봐.

① 연지는 친구를 많이 사귀고 싶어서 자기소개를 하였습니다. 친구들도 연지처럼 자신에 대하여 소개해 보세요.

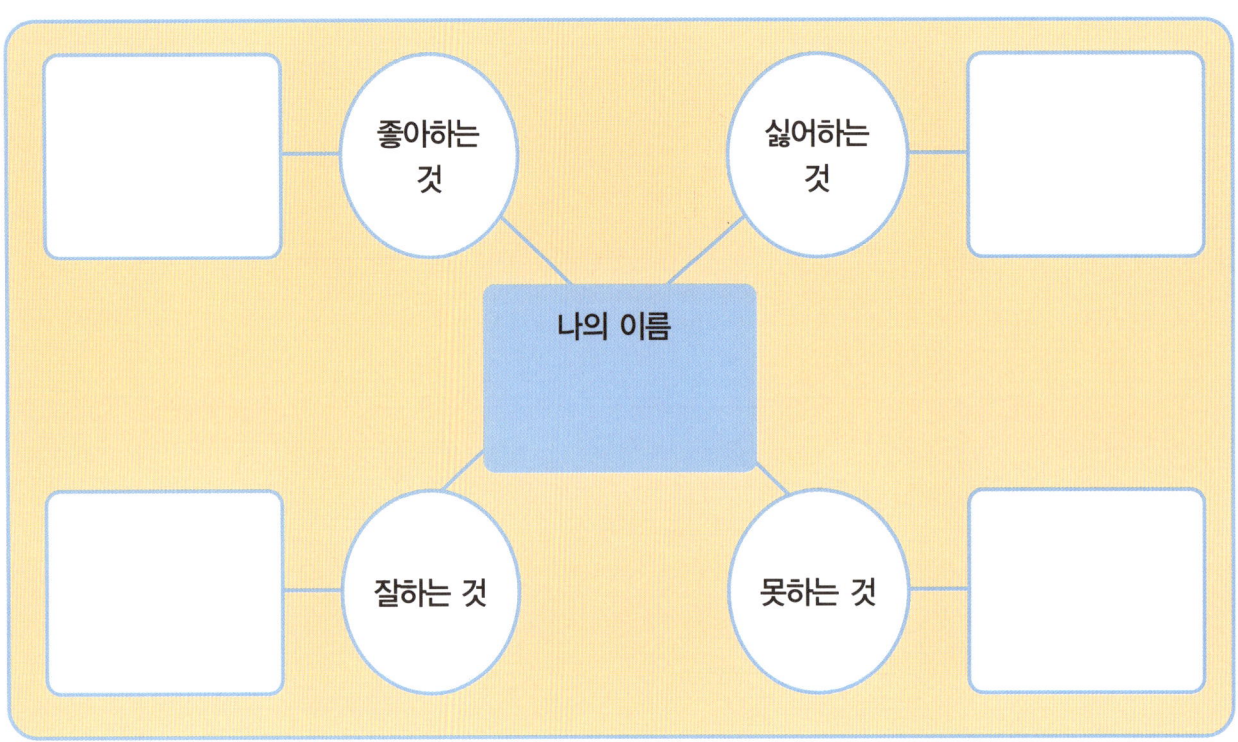

② 다음은 앞의 글을 읽은 친구들의 대화입니다. 가장 바르지 못한 의견을 내고 있는 친구는 누구인가요?

① 나도 노래를 못하는데, 연지도 노래를 못한다니 친근한 느낌이 들어.

② 자기소개는 다른 사람에게 좋은 인상을 주기 위한 것이니까 사실과 다르게 꾸며 써도 돼.

③ 연지는 아빠를 좋아하는구나. 난 항상 내 편을 들어주시는 할머니가 제일 좋아.

④ 새로운 친구들을 만났을 때 자기소개를 하면 친구들이 나에 대하여 잘 알게 돼.

03 꼼꼼히 집중하여 읽기

글의 갈래 | 독서 감상문
걸린 시간 | 분   초

 오늘 읽어 볼 글입니다. 차근차근 잘 읽고, 문제를 풀어 보세요.

헬렌켈러 선생님, 안녕하세요?

도서관에서 〈헬렌켈러〉를 읽으면서, 얼마 전 수업 시간이 생각났어요. 천으로 눈을 가리고 친구를 찾는 활동을 했는데 눈이 보이지 않아 넘어졌어요. 또, 소리를 내지 않고 입 모양만 보고 무슨 말인지 알아맞히기 활동도 했는데 무슨 말인지 몰라 답답했어요. 그런데 헬렌켈러 선생님은 아기였을 때 심한 열병을 앓아 평생 보지도 못하고 듣지도 못하였으니 얼마나 답답하고 힘들었을까요?

제가 책을 읽으면서 놀랐던 것은 헬렌켈러 선생님의 강한 의지예요. 보통 사람들보다 열 배가 넘는 노력을 하여 말과 글을 배우고, 대학에 들어가고, 세계를 돌아다니며 장애인들을 위해 많은 일을 하셨잖아요.

그동안 저는 무엇을 하거나 새로 배울 때 조금만 힘들어도 금방 포기해 버렸어요. 피아노를 배우다 어려우면 학원에 안 가겠다고 떼를 썼고, 공부하기 지겨우면 아프다고 꾀병을 부렸어요. 이제부터는 저도 헬렌켈러 선생님처럼 힘들고 어려운 일이 있어도 참고 이겨 내도록 노력할게요.

헬렌켈러 선생님, 저의 모습을 하늘나라에서 꼭 지켜봐 주세요.

○○월 ○○일
진호 올림

다음은 앞에서 읽은 글의 내용을 한눈에 볼 수 있도록 정리한 글밥지도입니다. 보기에서 알맞은 말을 골라 빈칸을 채워 보세요. 그리고 글에 알맞은 제목을 찾아 선으로 이어 보세요.

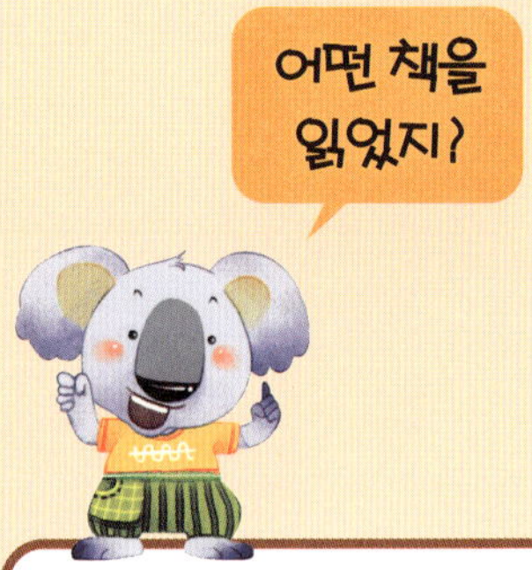

- 눈 가리고 친구 찾기
- 입 모양만 보고 뜻 알아맞히기

나 → 책을 읽으면서 떠올린 것은? → 가 (어떤 책을 읽었지?)

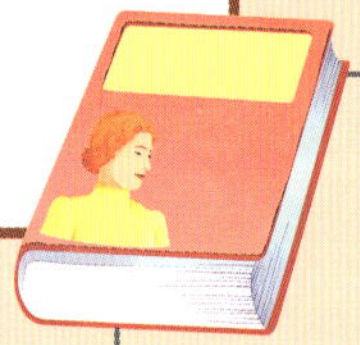

- 말과 글을 배운 것
- 다 에 들어간 것 → 헬렌켈러 선생님의 강한 의지 → 책을 읽고 놀란 점은?
- 장애인을 위해 많은 일을 한 것

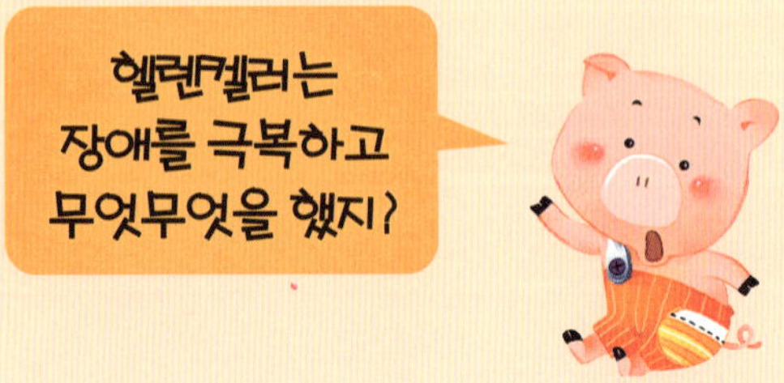

헬렌켈러는 장애를 극복하고 무엇무엇을 했지?

보기
① 헬렌켈러   ② 수업 시간   ③ 도서관
④ 눈과 귀가 멀게 된 것   ⑤ 참고 이겨 내야겠다.   ⑥ 대학
⑦ 세계 여행을 한 것   ⑧ 꾀병 부리기

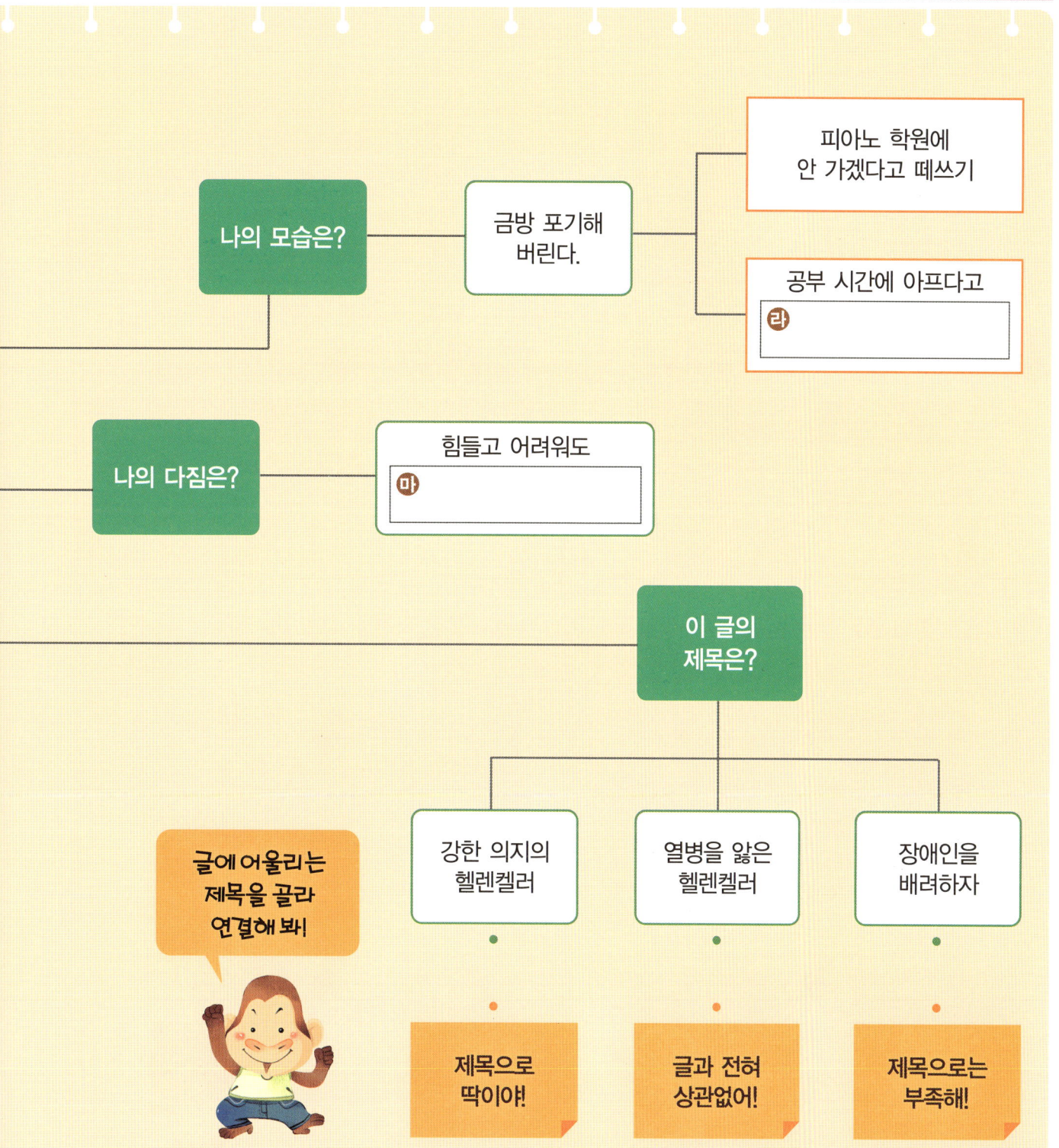

1 우리 주위에는 장애를 가진 사람들이 많습니다. 만약 우리가 눈이 보이지 않고 귀가 들리지 않는다면 어떤 점이 불편할지 보기에서 골라 답해 보세요.

눈이 보이지 않으면	귀가 들리지 않으면

보기
① 멋진 음악을 들을 수 없다.
② 벽이나 물건에 부딪친다.
③ 아름다운 경치를 볼 수 없다.
④ 엄마 목소리를 못 듣는다.

2 다음은 앞의 글을 읽은 친구들의 대화입니다. 가장 바르지 못한 의견을 내고 있는 친구는 누구인가요?

① 〈헬렌켈러〉를 읽고 장애인들을 많이 배려해야겠다는 생각을 했어.

② 이 글은 주인공인 헬렌켈러에게 편지 형식으로 쓴 독서 감상문이야. 독서 감상문은 여러 형식으로 쓸 수 있어.

③ 위인전을 읽으면 위인과 내 생활을 비교하며 반성할 수 있어서 좋아.

④ 글쓴이는 헬렌켈러에게 하고 싶은 말만 쓰고, 자신의 느낌이나 생각은 표현하지 않았어.

04 꼼꼼히 집중하여 읽기

| 글의 갈래 | 초대하는 글 |
| 걸린 시간 | 분   초 |

 오늘 읽어 볼 글입니다. 차근차근 잘 읽고, 문제를 풀어 보세요.

①별나라 도서관에서 열리는 '책과 함께 하는 여행' 행사에 어린이 여러분을 초대합니다. 선선한 바람이 부는 독서의 계절인 가을을 맞이하여 어린이들이 책과 친해질 수 있는 기회를 만들고자 많은 프로그램을 마련했어요.

책을 읽기 싫어한다고요? 걱정하지 마세요. 별나라 도서관 1층에 오면 여러 가지 목소리로 책을 읽어 주는 삐에로 아저씨가 있답니다. 삐에로 아저씨가 들려주는 이야기를 들으며 책 속으로 흠뻑 빠져 보세요. 2층에 오면 여러분이 좋아하는 그림자 연극을 볼 수 있어요. 〈피노키오〉, 〈콩쥐팥쥐〉, 〈흥부와 놀부〉와 같은 그림자 연극이 많이 준비되어 있답니다. 3층에 오면 직접 책을 만들어 볼 수 있어요. 내가 만들고 싶은 책 속의 이야기와 내가 만나고 싶은 책 속의 주인공을 생각하고 그려 나만의 멋진 책을 만들 수 있답니다.

즐겁고 신 나는 '책과 함께 하는 여행' 행사에 꼭 놀러 오세요! 여러분도 책과 친한 어린이가 될 수 있답니다.

★ 때 : 20○○년 9월 5일 오전 9시~오후 6시
★ 장소 : 별나라 도서관

① **초대** : 어떤 모임에 오라고 하여 대접하는 것

다음은 앞에서 읽은 글의 내용을 한눈에 볼 수 있도록 정리한 글밥지도입니다. 보기 에서 알맞은 말을 골라 빈칸을 채워 보세요. 그리고 글에 알맞은 제목을 찾아 선으로 이어 보세요.

행사 이름은 무엇이었지?

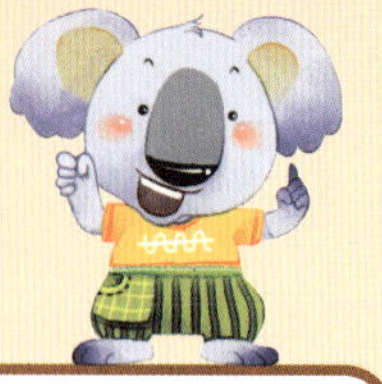

나 — 누구
다 — 왜
누구를 위해 왜 하지? — 가

책을 읽어 주는 삐에로 아저씨 — 1층
그림자 연극 — 2층
라 — 3층
어떤 프로그램을 마련했지?

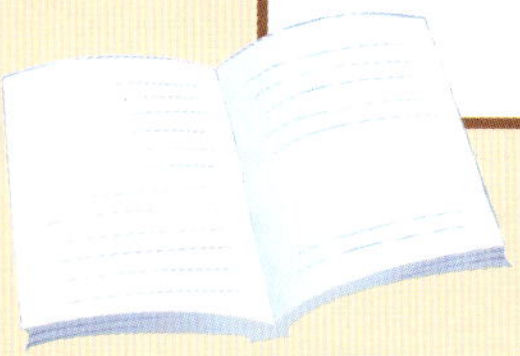

보기
① 책과 함께 하는 여행   ② 학부모   ③ 어린이
④ 책과 친해지게 하려고   ⑤ 〈콩쥐팥쥐〉 연극   ⑥ 책 만들기
⑦ 주인공 그리기   ⑧ 별나라 도서관

초대장의 끝에 적힌 내용을 떠올려 봐.

언제 어디서 하지?
- 날짜 — 20○○년 9월 5일
- 시간 — 오전 9시~오후 6시
- 장소 — 마

이 글의 제목은?
- 멋진 책을 만들어요 → 제목으로 딱이야!
- 별나라 도서관의 좋은 점 → 글과 전혀 상관없어!
- '책과 함께 하는 여행'에 초대합니다 → 제목으로는 부족해!

글에 어울리는 제목을 골라 연결해 봐!

1 어떤 행사가 열릴 때 그 행사에 사람들을 초대하려면 초대장이 필요합니다. 다음 초대장을 자세히 보고 어떤 행사에 초대하는 것인지 보기에서 골라 답해 보세요.

두 사람이 만나 새로운 출발을 하려고 합니다. 오셔서 사랑과 축복을 나누어 주세요.

때 : ○○월 ○○일 2시
장소 : 우주 예식장 2층

① _____

지윤이의 첫 번째 생일에 여러분을 초대합니다. 꼭 오셔서 축하해 주세요.

때 : ○○월 ○○일 12시
장소 : 해피 뷔페

② _____

샛별초등학교 어린이들이 그동안 갈고닦은 솜씨를 뽐내려고 합니다. 많이 오셔서 구경해 주세요.

때 : ○○월 ○○일 10시
장소 : 대강당

③ _____

보기   결혼식   졸업식   돌잔치   학예회

2 다음은 앞의 글을 읽은 친구들의 대화입니다. 가장 바르지 못한 의견을 내고 있는 친구는 누구인가요?

① '책과 함께 하는 여행' 행사에 참여하려면 시간과 장소를 잘 읽어 두어야 해.

② 초대하는 글에는 초대하는 날짜와 장소를 꼭 써야 해. 찾아오기 쉽도록 약도를 그려 넣는 것도 좋아.

③ 별나라 도서관에서 어린이들에게 책을 많이 팔려고 이런 행사를 마련했구나.

④ 행사 내용을 보니 책을 싫어하는 친구들도 즐거운 시간을 보낼 수 있을 것 같아.

05 꼼꼼히 집중하여 읽기

글의 갈래 | 관찰 기록문
걸린 시간 | 　분　　초

 오늘 읽어 볼 글입니다. 차근차근 잘 읽고, 문제를 풀어 보세요.

　겨울의 문턱으로 들어서는 늦가을에 부모님과 뒷산으로 등산을 갔다. 앙상한 가지만 남은 나무들 사이에서 초록색 옷을 뽐내는 나무들이 있었다.
　"우아, 이 나무는 잎이 그대로 있네."
　내가 신기한 듯 바라보자 아빠가 '소나무'라고 말씀해 주셨다. 나는 소나무를 이리저리 살펴보다가 잎을 떼어 보았다. 바늘처럼 길고 뾰족뾰족한 잎이 두 개씩 묶여 나 있었다. 나는 며칠 전에 먹은 솔잎 음료수처럼 솔잎에서도 상큼한 맛이 나는지 궁금해서 솔잎을 깨물어 보았다. 그런데 내 생각과는 달리 너무 씁쓸한 맛이 나서 금방 뱉어 버렸다.
　소나무 줄기를 만져 보니 다른 나무보다 훨씬 거칠었다. 마치 오랜 가뭄 때문에 갈라진 논바닥처럼 나무껍질이 쩍쩍 갈라져 있었다.
　아빠가 소나무 열매라고 하시며 바닥에 떨어진 솔방울을 주워 주셨다. 솔방울이라는 이름이 참 예쁘다는 생각이 들었다. 솔방울은 공처럼 둥그스름한 모양이고, 여러 개의 잔비늘 같은 조각이 겹겹이 달려 있었다.
　소나무를 살펴보면서 추위에도 꿋꿋하게 푸른빛을 간직하고 있는 것이 참 대견해 보였다.

 다음은 앞에서 읽은 글의 내용을 한눈에 볼 수 있도록 정리한 글밥지도입니다. 보기에서 알맞은 말을 골라 빈칸을 채워 보세요. 그리고 글에 알맞은 제목을 찾아 선으로 이어 보세요.

나: 언제
뒷산: 어디서
→ 언제 어디서 관찰했지? — 가

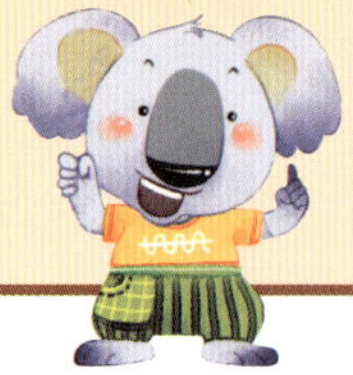

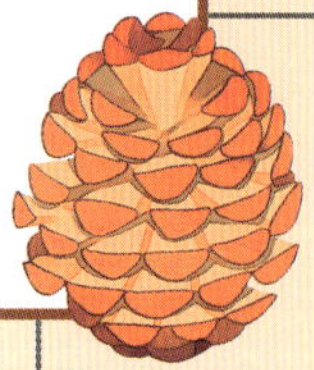

무엇을 관찰했지?

바늘처럼 길고 뾰족뾰족하다. / 두 개씩 묶여난다. → 모양
다: 맛
→ 잎 관찰하기

소나무 잎의 모양과 맛이 어떤지 떠올려 봐.

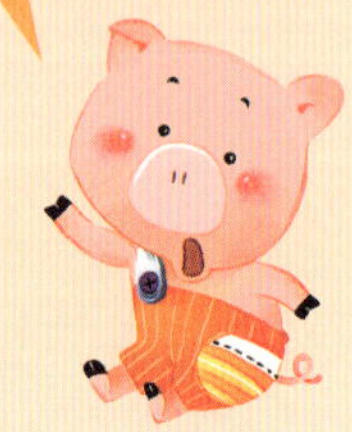

보기
① 앙상한 가지 ② 소나무 ③ 겨울
④ 늦가을 ⑤ 상큼하다. ⑥ 쓸쓸하다.
⑦ 매우 거칠다. ⑧ 둥그스름하다.

- 줄기 관찰하기
  - 만져 본 느낌 — 라
  - 모양 — 쩍쩍 갈라져 있다.

- 솔방울 관찰하기
  - 모양
    - 마
    - 여러 개의 조각이 겹겹이 달려 있다.

- 이 글의 제목은?
  - 늦가을 뒷산의 모습 → 제목으로 딱이야!
  - 예쁜 이름을 가진 솔방울 → 글과 전혀 상관없어!
  - 소나무를 관찰하고 → 제목으로는 부족해!

글에 어울리는 제목을 골라 연결해 봐!

1 친구들은 소나무에 대하여 얼마나 알고 있나요? 이 글을 읽고 새로 알게 된 사실에는 ○표, 이미 알고 있었던 사실에는 △표 해 보세요.

① 사계절 내내 푸른색을 띤다.

② 잎이 두 개씩 묶여 난다.

③ 솔잎의 맛은 씁쓸하다.

④ 솔잎은 바늘처럼 길고 뾰족하다.

⑤ 소나무 줄기는 매우 거칠다.

⑥ 솔방울에 잔비늘 같은 조각이 겹겹이 달려 있다.

2 다음은 앞의 글을 읽은 친구들의 대화입니다. 가장 바르지 못한 의견을 내고 있는 친구는 누구인가요?

① 관찰 기록문을 쓸 때 잘 모르는 것은 상상해서 곁들여 쓰면 돼.

② 소나무를 어디에 사용하는지 백과사전에서 찾아봐야겠어.

③ 글쓴이는 눈으로 보고, 손으로 만져 보고, 맛을 보면서 소나무를 잘 관찰하였어.

④ 소나무가 많이 심어져 있는 산은 겨울에도 푸르겠구나.

06 꼼꼼히 집중하여 읽기

| 글의 갈래 | 부탁하는 글 |
| 걸린 시간 | 분   초 |

 오늘 읽어 볼 글입니다. 차근차근 잘 읽고, 문제를 풀어 보세요.

선생님, 안녕하세요?

우리 반의 끝 번호 36번, 한희호예요. 우리 학교는 이름 순서대로 번호를 정하기 때문에 저는 항상 끝 번호가 돼요. 저는 36번이 참 좋아요. 하지만 36번이 싫을 때가 딱 하나 있어요. 바로 급식 시간이에요. 번호 순서대로 급식을 받기 때문에 저는 항상 맨 마지막에 밥을 먹어야 해요. 그래서 불편한 점이 많아요.

아침을 굶은 날에 급식 순서를 기다리다 보면 배가 고파서 쓰러질 것만 같아요. 빨리 밥을 먹고 싶은데 한참 동안 서서 기다려야 하니까요.

어떤 날은 맛있는 반찬을 먹지 못할 때도 있어요. 앞 친구가 맛있는 반찬을 모두 가져가 버렸기 때문이에요. 그럴 때면 정말 속상해요.

가장 슬픈 건 점심시간에 친구들과 놀지 못한다는 거예요. 저는 밥 먹는 속도가 느린데 맨 마지막에 밥을 먹다 보니 친구들과 밥 먹는 속도를 맞출 수가 없어요. 친구들은 다 먹고 밖에 나가서 노는데 저는 그럴 수가 없어서 슬퍼요.

선생님, 급식 순서를 번호 순서가 아닌 다른 것으로 꼭 바꾸어 주세요.

다음은 앞에서 읽은 글의 내용을 한눈에 볼 수 있도록 정리한 글밥지도입니다. 보기 에서 알맞은 말을 골라 빈칸을 채워 보세요. 그리고 글에 알맞은 제목을 찾아 선으로 이어 보세요.

- 한희호
- 나
- 누가
- 누구에게
- 누가 누구에게 부탁했지?
- 다 대로 번호를 정하기 때문에
- 왜 끝 번호가 되었지?
- 가
- 라
- 언제
- 왜
- 맨 마지막에 밥을 먹어야 하기 때문에
- 번호가 싫을 때는?

글쓴이는 몇 번이었지?

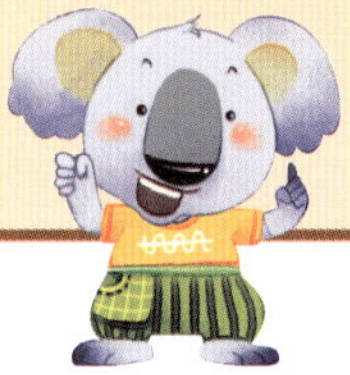

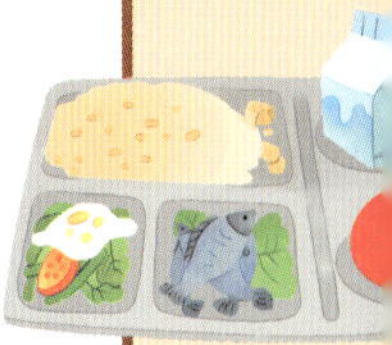

글쓴이는 자기 번호가 끝 번호여서 어떤 점이 싫다고 하였는지 떠올려 봐.

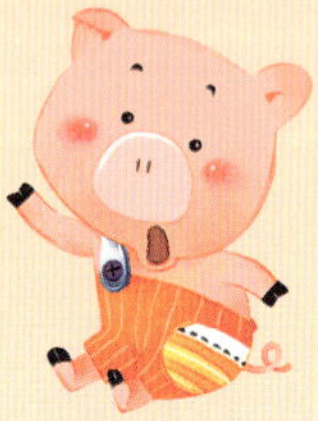

① 36번　　② 선생님　　③ 키 순서
④ 이름 순서　　⑤ 등교 시간　　⑥ 급식 시간
⑦ 밥　　⑧ 반찬

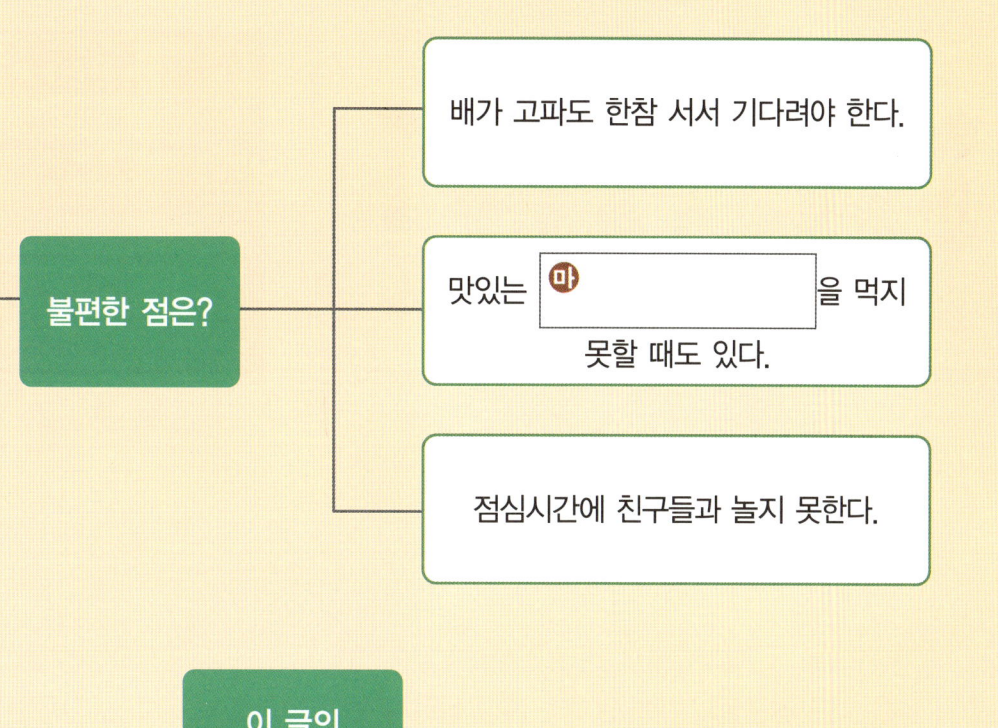

불편한 점은?
- 배가 고파도 한참 서서 기다려야 한다.
- 맛있는 마 　　　 을 먹지 못할 때도 있다.
- 점심시간에 친구들과 놀지 못한다.

이 글의 제목은?
- 점심시간에 친구들과 놀고 싶어요 → 제목으로 딱이야!
- 맛있는 반찬을 만들어 주세요 → 글과 전혀 상관없어!
- 급식 순서를 바꾸어 주세요 → 제목으로는 부족해!

글에 어울리는 제목을 골라 연결해 봐!

1 글쓴이의 글을 읽은 선생님이 글쓴이의 부탁대로 급식 순서를 바꾸려고 합니다. 다음 중 모든 친구들에게 똑같이 기회를 줄 수 있는 가장 좋은 방법은 무엇인지 찾아 ○표 해 보세요.

① 키 순서대로

② 이름 순서대로

③ 모둠별 점수대로

2 다음은 앞의 글을 읽은 친구들의 대화입니다. 가장 바르지 못한 의견을 내고 있는 친구는 누구인가요?

① 희호는 선생님께 떼쓰거나 억지를 부리지 않고 예의 바른 태도와 말투로 부탁하고 있어.

② 부탁하는 까닭을 보면 희호가 어떤 점을 불편하게 생각하였는지 잘 알 수 있어.

③ 희호는 급식 시간 외에는 자신의 번호인 36번을 좋아하는구나.

④ 학교생활에서 불편한 점이 있으면 무조건 참아야 해. 희호처럼 선생님께 부탁하는 건 옳지 않아.

07 꼼꼼히 집중하여 읽기

글의 갈래 | 이야기 글
걸린 시간 | 분   초

 오늘 읽어 볼 글입니다. 차근차근 잘 읽고, 문제를 풀어 보세요.

아주 오랜 옛날, 숲속 마을에서 새들이 모여 회의를 열었어요. 몇 해 동안 계속된 가뭄 때문에 새들의 먹이가 모두 사라져 버렸기 때문이에요.

"쥐에게 먹이를 얻어 오면 어떨까요? 쥐는 사람들이 먹다 버린 음식을 모아 두니까 분명 먹을 것이 많이 있을 거예요."

꿩의 말을 들은 새들은 모두 고개를 끄덕였어요.

첫 번째로 먹을 것을 얻으러 간 꿩이 쥐의 집 앞에서 소리쳤어요.

"쥐야, 먹을 것을 좀 가져 와라. 이 꿩님이 배가 고프시다."

꿩의 말을 듣고 화가 난 쥐가 부지깽이로 꿩의 뺨을 쳤어요. 꿩은 볼이 빨개져서 도망갔어요. 두 번째로 찾아간 비둘기가 말했어요.

"쥐야, 남의 집에서 훔쳐온 먹을 것 좀 가져 와라."

화가 난 쥐가 이번에는 몽둥이로 비둘기의 머리를 내리쳤어요. 비둘기는 머리가 벗겨져 도망갔어요. 마지막으로 까치가 찾아가 말했어요.

"쥐님, 배가 고파서 그런데 먹을 것을 나누어 줄 수 있나요?"

쥐는 까치를 집 안으로 들어오라고 하였어요. 그리고 까치에게 먹을 것을 잔뜩 나누어 주었답니다.

다음은 앞에서 읽은 글의 내용을 한눈에 볼 수 있도록 정리한 글밥지도입니다. 보기에서 알맞은 말을 골라 빈칸을 채워 보세요. 그리고 글에 알맞은 제목을 찾아 선으로 이어 보세요.

- 오랜 옛날 — 언제
- 나 — 어디서
  → 언제 어디서 일어난 일이지?

새들은 왜 쥐를 찾아갔지?

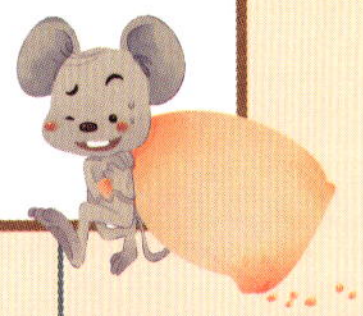

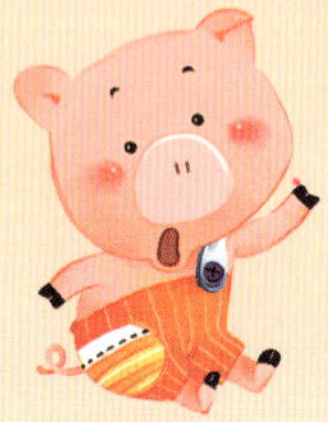

몇 해 동안 다 이 계속되어서 → 왜 먹이가 사라졌지?

가

- 쥐
- 꿩
- 비둘기
- 라
  → 등장인물은?

음식을 많이 모은 동물과 그 동물의 집에 찾아간 새들을 떠올려 봐!

42

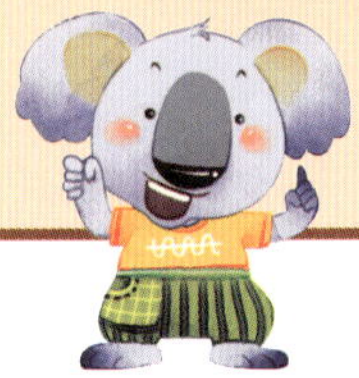

보기

① 회의에 참석하기 위해　② 먹이를 구하기 위해　③ 숲속 마을
④ 회의장　　　　　　　　⑤ 까치　　　　　　　　⑥ 가뭄
⑦ 홍수　　　　　　　　　⑧ 비둘기

쥐가 새에게 한 행동은?
- 꿩 — 부지깽이로 뺨을 쳤다.
- 마 — 몽둥이로 머리를 내리쳤다.
- 까치 — 음식을 나누어 주었다.

이 글의 제목은?
- 쥐가 모아 놓은 음식
- 비둘기와 꿩의 잘못
- 나쁜 말씨 고운 말씨

글에 어울리는 제목을 골라 연결해 봐!

- 제목으로 딱이야!
- 글과 전혀 상관없어!
- 제목으로는 부족해!

1 친구들이 신기하고 멋진 장난감을 가지고 있다면, 다음 세 친구 중 누구에게 장난감을 빌려 주고 싶나요? ○표 해 보세요.

별로 비싼 것도 아닌 것 같은데 나한테 빌려 줘 봐.

정말 멋져 보인다. 나에게 한 번만 빌려 줄 수 있니?

흥, 장난감 가지고 잘난 척하기는. 이리 줘 봐.

① ② ③

2 다음은 앞의 글을 읽은 친구들의 대화입니다. 가장 바르지 못한 의견을 내고 있는 친구는 누구인가요?

① 이 이야기를 읽고, 다른 사람에게 바르고 고운 말을 써야겠다는 생각이 들었어.

② 이 이야기에는 다른 사람의 집에 함부로 찾아가지 말라는 교훈이 담겨 있어.

③ '말 한마디에 천 냥 빚도 갚는다.' 라는 속담이 있어. 그만큼 말이 중요하다는 뜻이야.

④ 쥐가 까치에게만 먹을 것을 나누어 준 것은 까치가 예의 바르게 말했기 때문이야.

08 꼼꼼히 집중하여 읽기

글의 갈래	설명하는 글
걸린 시간	분 초

 오늘 읽어 볼 글입니다. 차근차근 잘 읽고, 문제를 풀어 보세요.

　우리 몸은 약 70퍼센트❶가 물로 되어 있어요. 눈물, 피, 오줌 등이 모두 물이지요. 이 물은 우리 몸속에서 어떤 일을 할까요?

　우리 몸속에 있는 몸은 물의 온도를 항상 36~37도로 지켜 주고, 우리가 먹은 음식이 잘 소화되도록 도와주어요. 또, 영양분을 몸 구석구석에 골고루 전해 주고, 몸속에 있는 나쁜 물질들을 몸 밖으로 내 보내지요.

　우리 몸이 건강하려면 하루에 약 1리터 반~2리터 정도의 물을 마셔야 해요. 우리 몸속에 물이 부족하면 몸속에 있는 나쁜 찌꺼기가 몸 밖으로 나가지 못하고 계속 쌓이게 되어 얼굴이 붓거나 변비가 생기게 돼요. 또, 땀으로 열이 빠져나가지 못해 몸의 온도가 올라가지요.

　사람의 몸속에 물이 2퍼센트만 부족해도 심한 갈증❷을 느끼게 돼요. 그리고 5퍼센트가 부족하면 정신을 잃을 수도 있고, 12퍼센트 정도가 부족하면 목숨을 잃을 수도 있답니다. 이처럼 우리 몸속에 물이 모자라지 않도록 깨끗한 물을 자주 마시는 것이 중요해요.

❶ 퍼센트 : 어떤 양을 100으로 쳤을 때 그것에 대한 비율
❷ 갈증 : 목이 말라 물을 마시고 싶은 느낌

다음은 앞에서 읽은 글의 내용을 한눈에 볼 수 있도록 정리한 글밥지도입니다. 보기에서 알맞은 말을 골라 빈칸을 채워 보세요. 그리고 글에 알맞은 제목을 찾아 선으로 이어 보세요.

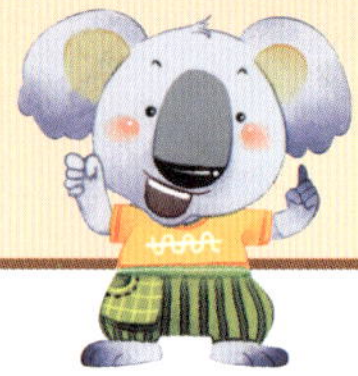

무엇에 대하여 설명하고 있지?

몸의 약 70퍼센트 — 몸속 물의 양은?

나 [　　] 를 지켜 준다.
소화를 도와준다.
다 [　　] 을 전달한다.
나쁜 물질을 내 보낸다.

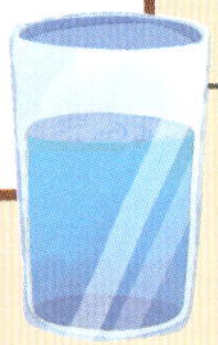

물의 역할은?

가

이 글의 제목은?

- 몸속에 물이 부족하면
- 깨끗한 물을 먹어야 하는 까닭
- 우리 몸속의 물

글에 어울리는 제목을 골라 연결해 봐!

제목으로 딱이야! / 글과 전혀 상관없어! / 제목으로는 부족해!

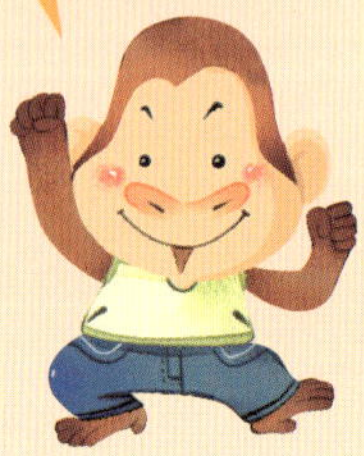

보기
① 몸속의 물
② 눈물, 피, 오줌
③ 몸의 온도
④ 똥
⑤ 영양분
⑥ 1리터 반~2리터
⑦ 얼굴이 붓는다.
⑧ 심한 갈증을 느낀다.

하루에 마셔야 하는 물의 양은? — 라

물이 부족하면?
- 나쁜 찌꺼기가 몸속에 쌓인다.
- 체온이 올라간다.
- 2퍼센트 부족하면 — 마
- 5퍼센트 부족하면 — 정신을 잃을 수도 있다.
- 12퍼센트 부족하면 — 목숨을 잃을 수도 있다.

물이 많이 부족하면 생명이 위험해질 수도 있구나.

1 다음은 앞의 글을 읽고 친구에게 쓴 편지입니다. 보기에서 알맞은 말을 골라 빈칸을 채워 편지를 써 보세요.

수민이에게

오늘은 너에게 중요한 사실을 알려 주려고 편지를 썼어.

우리의 몸은 ① _____ 가 물로 이루어져 있대. 물은 우리 몸의 온도를 36~37도로 지켜 주고, 음식의 ② _____ 를 돕고, ③ _____ 을 몸 구석구석에 전달하는 역할을 한대. 뿐만 아니라 몸에 있는 나쁜 물질들을 몸 밖으로 내보내기도 한다니 정말 대단한 것 같아.

우리 몸이 건강하기 위해서는 하루에 ④ _____ 의 물을 마시는 것이 좋다니까 너도 물을 많이 마셨으면 좋겠어. 그럼 다음에 만나. 안녕.

보기 영양분 약 70퍼센트 소화 1리터 반~2리터

2 다음은 앞의 글을 읽은 친구들의 대화입니다. 가장 바르지 못한 의견을 내고 있는 친구는 누구인가요?

① 물을 자주 먹는 건 귀찮아. 1리터 반~2리터의 물을 한꺼번에 다 마셔야지.

② 나는 변비가 무척 심해. 앞으로는 물을 많이 먹어서 변비를 고쳐야겠어.

③ 우리 몸의 70퍼센트가 물로 이루어져 있다니 정말 놀라워.

④ 몸속에 물이 많이 부족하면 죽을 수도 있대. 물은 우리 몸에 정말 중요것이구나.

09 꼼꼼히 집중하여 읽기

글의 갈래 | 기행문
걸린 시간 | 분   초

 오늘 읽어 볼 글입니다. 차근차근 잘 읽고, 문제를 풀어 보세요.

　○○월 ○○일, 드디어 가깝고도 먼 나라 일본에 첫발을 내딛었다. 어릴 때 내가 즐겨보던 만화들을 만든 일본은 과연 어떤 모습일지 무척 궁금했다.
　맨 처음 교토에 도착①하여 버스를 타고 청수사로 갔다. 밝은 주황색을 띤 예쁜 청수사를 구경하고, 먹으면 오래 산다는 청수사의 물을 두 컵이나 마셨다. 청수사를 나와 버스를 타고 금각사로 갔다. 금으로 바른 건물이 햇빛에 비쳐 눈이 부시게 빛나고 있었다.
　이튿날에는 일본의 수도인 도쿄로 갔다. 아사쿠사에는 오래된 집들과 가게들이 많이 남아 있어 일본의 옛모습과 오늘날의 생활 모습이 함께 어우러져 있었다. 신주쿠에 도착하자 저 멀리 일본을 대표하는 후지산이 보였다. 일본 사람들은 새해 첫날 밤 '후지산' 꿈을 꾸면 그 해에는 운이 좋다고 생각한다고 한다.
　셋째날 우리나라로 돌아오는 비행기에 몸을 실으면서 일본을 다 둘러보지 못한 것이 안타까웠다. 다음에는 일본의 디즈니랜드에 꼭 가 봐야겠다.

❶ **도착** : 목적한 곳에 다다름

 다음은 앞에서 읽은 글의 내용을 한눈에 볼 수 있도록 정리한 글밥지도입니다. 보기에서 알맞은 말을 골라 빈칸을 채워 보세요. 그리고 글에 알맞은 제목을 찾아 선으로 이어 보세요.

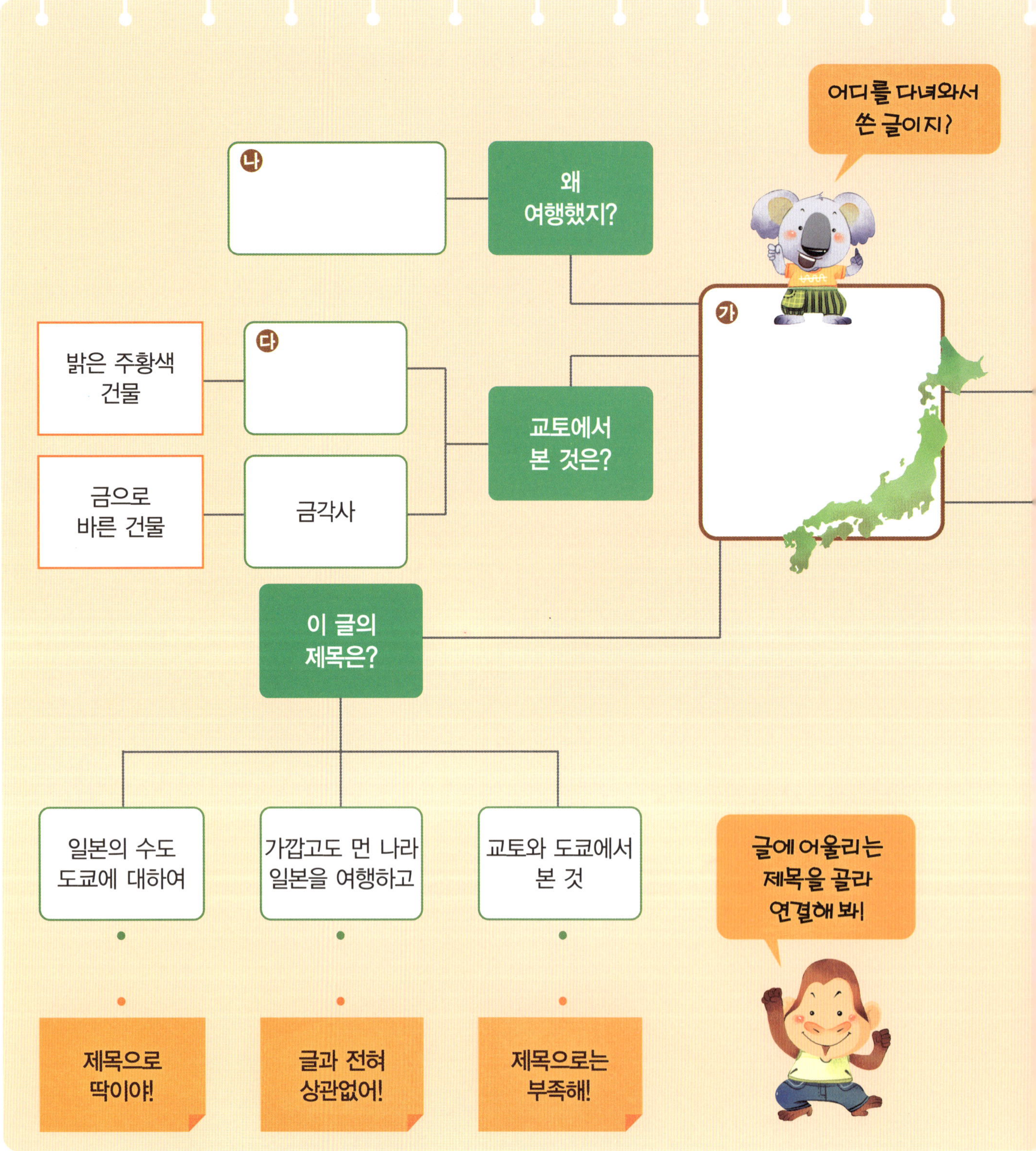

어디를 다녀와서 쓴 글이지?

나 [　　　] — 왜 여행했지?

가 [　　　]

밝은 주황색 건물 — 다 [　　　]
금으로 바른 건물 — 금각사
— 교토에서 본 것은?

이 글의 제목은?

- 일본의 수도 도쿄에 대하여 — 제목으로 딱이야!
- 가깝고도 먼 나라 일본을 여행하고 — 글과 전혀 상관없어!
- 교토와 도쿄에서 본 것 — 제목으로는 부족해!

글에 어울리는 제목을 골라 연결해 봐!

보기
① 일본　　② 일본 디즈니랜드　　③ 도라에몽
④ 청수사　　⑤ 오래된 집들과 가게　　⑥ 새해 첫날 모습
⑦ 후지산　　⑧ 일본이 어떤 모습일지 궁금해서

도쿄에서 본 것은?
- 아사쿠사 → 라
- 신주쿠 → 마

글쓴이가 일본 여행을 하며 본 것과 느낀 점들을 떠올려 봐.

여행을 마치고 느낀 점은?
- 일본을 다 둘러보지 못해 안타깝다.
- 일본의 디즈니랜드에 꼭 가 보고 싶다.

1 두 친구가 일본에 여행을 가면, 가 보고 싶은 곳에 대해 이야기하고 있습니다. 두 친구는 각각 어떤 도시를 방문해야 할지 보기 에서 골라 답해 보세요.

보기: 도쿄 / 오사카 / 교토 / 후쿠오카

2 다음은 앞의 글을 읽은 친구들의 대화입니다. 가장 바르지 못한 의견을 내고 있는 친구는 누구인가요?

① 다른 나라를 여행하면 우리 나라와 같은 점과 다른 점을 비교할 수 있어.

② 이 글과 같은 기행문을 읽으면 글쓴이가 여행한 곳을 간접 체험할 수 있어.

③ 글쓴이는 먼저 교토를 여행하고 도쿄로 갔구나. 나도 일본의 수도인 도쿄에 가 보고 싶어.

④ 일본 사람들은 한 해의 마지막 날 '후지산' 꿈을 꾸면 운이 좋다고 믿었구나.

10 꼼꼼히 집중하여 읽기

글의 갈래	주장하는 글
걸린 시간	분　초

 오늘 읽어 볼 글입니다. 차근차근 잘 읽고, 문제를 풀어 보세요.

　우리나라 어린이들이 한 학기 동안 읽는 독서량은 19권 정도라고 한다. 다른 나라 어린이들에 비해 매우 적은 편이다. 독서를 하면 좋은 점이 많다.

　첫째, 독서를 하면 생각하는 힘이 길러진다. 글쓴이나 등장인물의 의견과 내 의견을 비교해 보면서 생각을 키우고, 세상을 바르게 살아가는 법을 배울 수 있다.

　둘째, 독서를 하면 지식을 얻을 수 있다. 독서를 통해 몰랐던 사실들을 새롭게 알 수 있고, 알게 된 사실들을 학교 공부나 생활 속에서 이용할 수도 있다.

　셋째, 독서를 하면 꿈을 키울 수 있다. 탐험가가 나오는 책을 읽으며 탐험가의 꿈을 키우기도 하고, 위인❶들의 이야기를 읽으며 훌륭한 점을 본받으려고 노력하기도 한다.

　마지막으로 독서를 하면 감동과 재미를 얻을 수 있다. 감동적인 이야기를 읽으면 가슴이 뭉클해지기도 하고, 재미있는 이야기를 읽으면 신 나게 웃을 수 있다.

　이처럼 독서의 중요성은 아무리 강조❷해도 지나치지 않다. 우리 모두 책을 많이 읽어 밝은 미래를 만들어 가는 밑거름을 만들자.

❶ **위인** : 뛰어나고 훌륭한 사람
❷ **강조** : 어떤 부분을 특별히 강하게 주장하거나 두드러지게 함

 글밥지도 그리기

다음은 앞에서 읽은 글의 내용을 한눈에 볼 수 있도록 정리한 글밥지도입니다. 보기 에서 알맞은 말을 골라 빈칸을 채워 보세요. 그리고 글에 알맞은 제목을 찾아 선으로 이어 보세요.

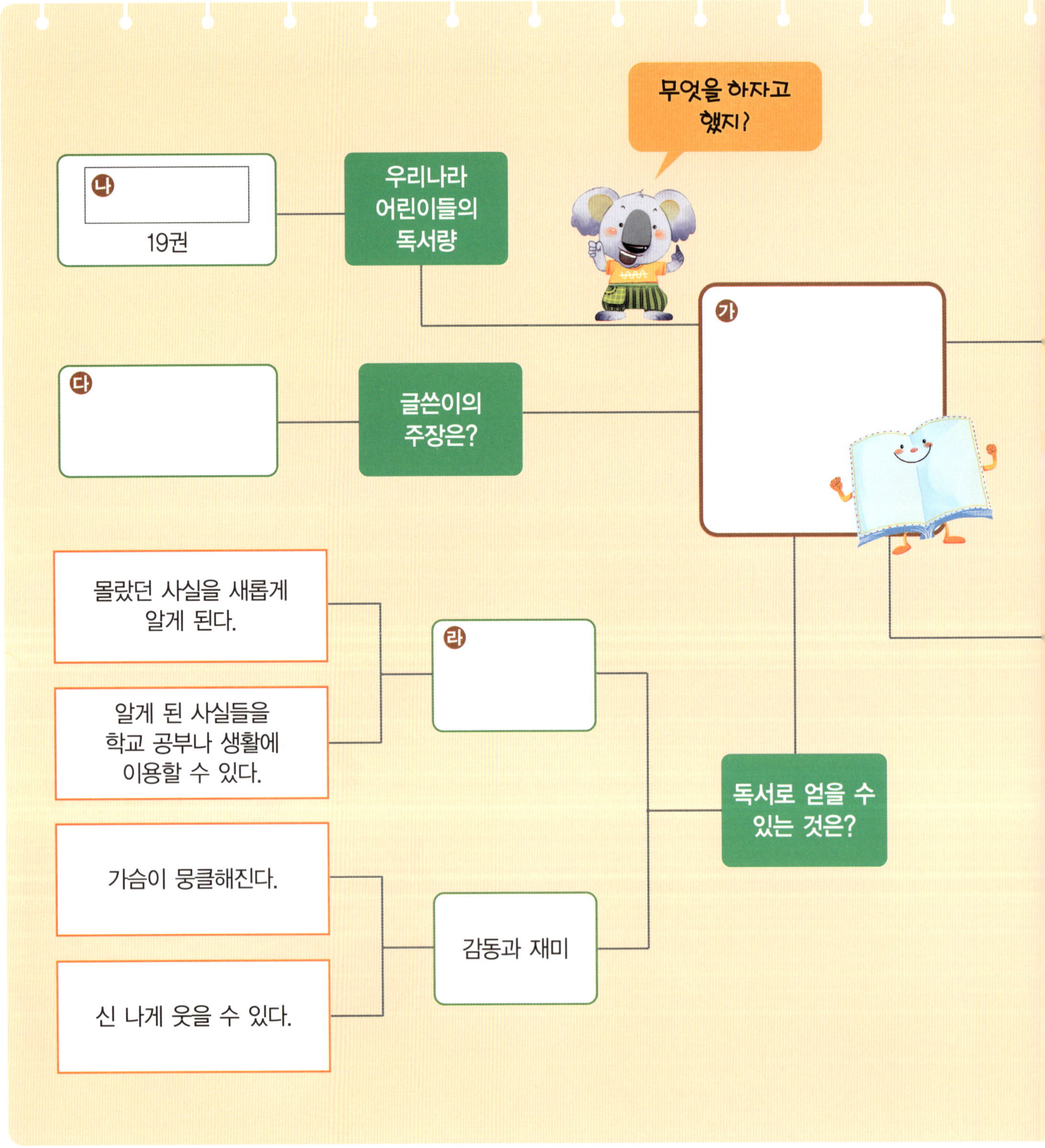

무엇을 하자고 했지?

나
19권

우리나라 어린이들의 독서량

다

글쓴이의 주장은?

가

몰랐던 사실을 새롭게 알게 된다.

알게 된 사실들을 학교 공부나 생활에 이용할 수 있다.

라

가슴이 뭉클해진다.

감동과 재미

독서로 얻을 수 있는 것은?

신 나게 웃을 수 있다.

① 독서　② 한 학기 동안　③ 일주일 동안
④ 게임하는 시간을 줄이자.　⑤ 책을 많이 읽자.　⑥ 지식
⑦ 시간　⑧ 생각하는 힘

마

생각을 키울 수 있다.

세상을 바르게 살아가는 법을 배운다.

독서로 키울 수 있는 것은?

꿈

탐험가가 나오는 책을 읽고 탐험가의 꿈을 키울 수 있다.

위인들을 본받으려고 노력한다.

이 글의 제목은?

책을 많이 읽자

독서로 얻을 수 있는 것

다른 나라 어린이들의 독서량

글에 어울리는 제목을 골라 연결해 봐!

제목으로 딱이야!

글과 전혀 상관없어!

제목으로는 부족해!

1 다음은 앞의 글을 문제 상황, 주장, 주장하는 까닭으로 나누어 정리한 것입니다. 잘못 정리한 것을 찾아 ∨표 해 보세요.

문제 상황	우리나라 어린이들의 독서량은 매우 적다.
주장	책을 많이 읽자.
까닭	① 독서를 하면 생각하는 힘이 길러진다. ☐
	② 독서를 하면 지식을 얻을 수 있다. ☐
	③ 독서를 하면 무조건 위인이 될 수 있다. ☐
	④ 독서를 하면 감동과 재미를 얻을 수 있다. ☐

책을 많이 읽으면 어떤 점이 좋을지 생각해 보렴.

2 다음은 앞의 글을 읽은 친구들의 대화입니다. 가장 바르지 못한 의견을 내고 있는 친구는 누구인가요?

① 글쓴이는 책을 많이 읽자는 의견을 말하기 위해 책을 읽으면 좋은 점을 말하고 있어.

② 어린이들이 한 학기 동안 19권 정도의 책을 읽으면 일 년 동안 38권 정도의 책을 읽겠구나.

③ 이 글의 제목을 '게임하는 시간을 줄이자' 라고 바꿔도 좋을 것 같아.

④ 나는 과학자가 꿈이야. 과학책을 많이 읽으며 꿈을 키워야겠어.

11 꼼꼼히 집중하여 읽기

글의 갈래 | 기사문
걸린 시간 | 분   초

 오늘 읽어 볼 글입니다. 차근차근 잘 읽고, 문제를 풀어 보세요.

기자: 저는 지금 ○○강에서 열리는 달빛초등학교 어린이들의 수상[1] 스포츠 체험 현장에 나와 있습니다. 먼저, 이 체험을 마련하신 선생님을 모시고 말씀 나누겠습니다. 선생님, 이 체험을 마련하신 까닭은 무엇인가요?

선생님: 어린이들의 물에 대한 공포심을 없애고, 협동심을 기르기 위해 마련했습니다.

기자: 어린이들은 어떤 체험을 하게 되나요?

선생님: 구명조끼를 입고 물 위에 뜨는 방법, 물에 빠졌을 때 배에 다시 올라타는 방법, 노를 젓는 방법 등을 배웁니다.

기자: 이번 체험에서 중요한 것은 무엇인가요?

선생님: 준비 운동과 안전 훈련, 그리고 친구들과의 협동심이 가장 중요합니다. 물에 들어가기 전에 준비 운동을 충분히 해야 몸에 무리가 오지 않고, 구명조끼와 안전모를 잘 착용해야 물에 빠졌을 때 위험하지 않아요. 또, 친구들과 함께 노를 젓기 때문에 협동심이 매우 중요합니다.

기자: 네, 말씀 잘 들었습니다. 지금까지 수상 스포츠 체험 현장에서 ○○○기자였습니다.

[1] **수상**: 물의 위 또는 물길

다음은 앞에서 읽은 글의 내용을 한눈에 볼 수 있도록 정리한 글밥지도입니다. 보기에서 알맞은 말을 골라 빈칸을 채워 보세요. 그리고 글에 알맞은 제목을 찾아 선으로 이어 보세요.

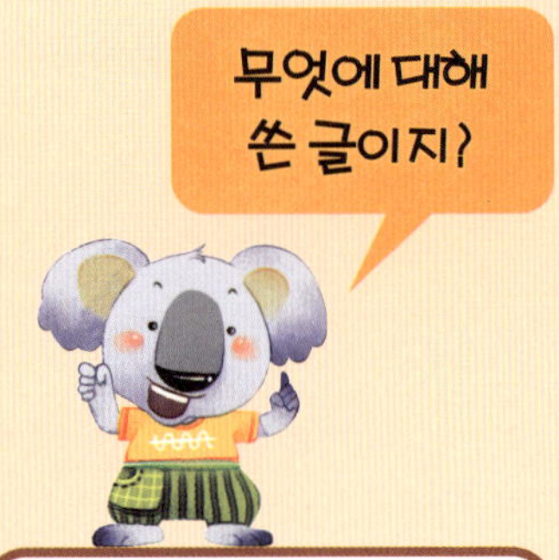

나 | 누가 ┐
○○강 | 어디서 ┘ → 누가, 어디서 한 체험이지?

무엇에 대해 쓴 글이지?

가

물에 대한 공포심을 없애기 위해 ┐
다 을 기르기 위해 ┘ → 왜 했지?

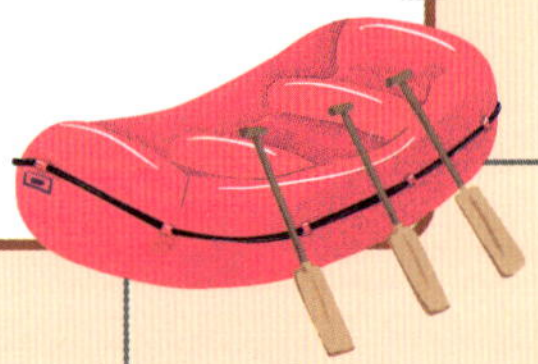

이 글의 제목은?

- 준비 운동을 하는 방법 → 제목으로 딱이야!
- 수상 스포츠 체험 현장 → 글과 전혀 상관없어!
- 수상 스포츠 체험 프로그램 → 제목으로는 부족해!

글에 어울리는 제목을 골라 연결해 봐!

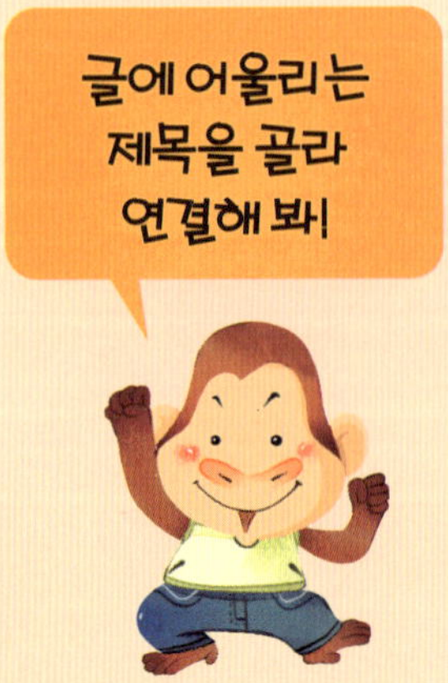

보기
① 체험을 마련한 선생님 ② 수상 스포츠 체험 ③ 달빛초등학교 어린이
④ 기자 ⑤ 협동심 ⑥ 노를 젓는 방법
⑦ 노를 만드는 방법 ⑧ 안전 훈련

무엇을 배우지?
- 구명조끼 입고 물에 뜨는 방법
- 물에 빠졌을 때 배에 올라타는 방법
- 라

중요한 것은?
- 준비 운동
- 마 — 구명조끼와 안전모 착용하기
- 협동심

수상 스포츠를 즐길 때 무엇이 중요하다고 했는지 떠올려 봐!

1 앞에서 읽은 글을 이용하여 ○○강 수상 스포츠 체험을 알리는 광고문을 만들려고 합니다. 빈칸에 들어갈 알맞은 말을 보기에서 골라 답해 보세요.

2 다음은 앞의 글을 읽은 친구들의 대화입니다. 가장 바르지 못한 의견을 내고 있는 친구는 누구인가요?

① 이것은 기자가 수상 스포츠 체험 현장에 직접 나가 선생님을 인터뷰한 기사야.

② 준비 운동을 하지 않고 물에 들어가면 몸에 무리가 올 수도 있대.

③ 나도 친구들과 노를 저어 본 적이 있어. 같은 방향으로 저어야 하기 때문에 협동심이 필요했지.

④ 이 글에는 안전 훈련과 협동심에 대한 기자의 의견이 잘 나타나 있어.

12 꼼꼼히 집중하여 읽기

글의 갈래	음악 감상문
걸린 시간	분 초

 오늘 읽어 볼 글입니다. 차근차근 잘 읽고, 문제를 풀어 보세요.

효주네 집에서 〈피터와 늑대〉라는 음악을 감상했다. 음악을 전공하신 효주 어머니의 설명을 들으며 감상하니 머릿속에 장면이 생생하게 그려지는 것 같았다.

〈피터와 늑대〉는 러시아의 작곡가 프로코피예프가 어린이를 위해 지은 곡이다. 이 곡의 내용은 다음과 같다. 개구쟁이 피터는 작은 새와 오리, 새와 오리를 노리는 고양이, 그리고 할아버지와 함께 목장에 살고 있다. 어느 날, 목장에 무서운 늑대가 나타나 동물들에게 겁을 주자 피터가 용감하게 늑대를 물리치고 행진을 한다.

이 곡의 ❶특이한 점은 등장인물의 성격이나 움직임에 맞게 악기를 사용한 것이다. 바순으로 할아버지의 엄하고 낮은 목소리를, 플루트로 맑은 새소리를 표현했다. 명랑하고 밝은 피터는 현악 4중주(바이올린, 비올라, 첼로, 더블베이스)로, 뒤뚱뒤뚱 오리는 오보에로, 빠르게 움직이는 고양이는 클라리넷으로, 사냥꾼의 총소리는 팀파니와 큰북으로 표현했다.

악기만 가지고도 이렇게 재미있는 이야기를 만들 수 있다는 것이 참 신기했다.

❶ **특이** : 보통 것이나 보통 상태에 비하여 두드러지게 다름

 **글밥지도 그리기**

다음은 앞에서 읽은 글의 내용을 한눈에 볼 수 있도록 정리한 글밥지도입니다. 보기에서 알맞은 말을 골라 빈칸을 채워 보세요. 그리고 글에 알맞은 제목을 찾아 선으로 이어 보세요.

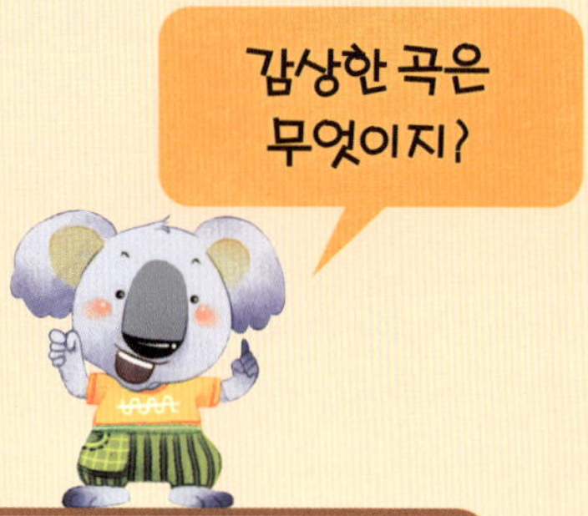

나: 어디서 / 효주 / 효주 어머니 / 프로코피예프

- 어디서
- 누구와 → 어디서 누구와 감상했지?
- 누가 작곡했지?

감상한 곡은 무엇이지?

가:

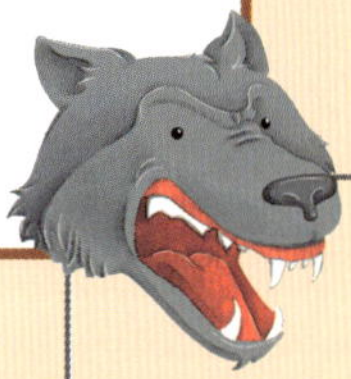

이 글의 제목은?
- 러시아의 어린이 작곡가들 — 글과 전혀 상관없어!
- 늑대를 물리친 피터 — 제목으로 딱이야!
- 악기로 만든 〈피터와 늑대〉 — 제목으로는 부족해!

글에 어울리는 제목을 골라 연결해 봐!

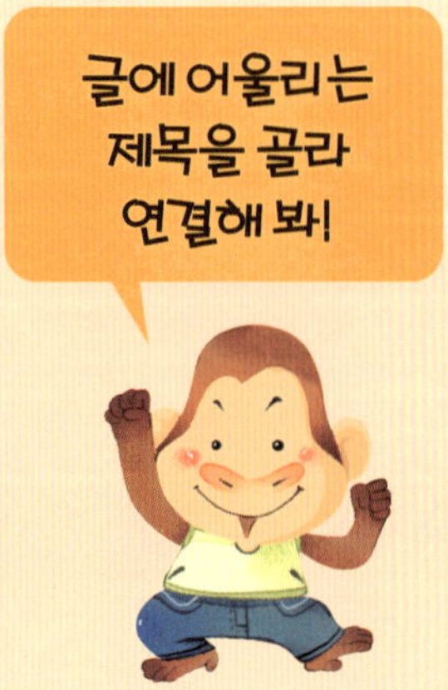

보기
① 피터와 늑대　② 음악 감상실　③ 효주네 집
④ 사냥꾼　⑤ 늑대　⑥ 팀파니와 큰북
⑦ 바이올린　⑧ 플루트

곡의 내용은?
- 피터가 할아버지, 여러 동물과 목장에 살고 있다.
- 목장에 〔다〕가 나타나 동물들에게 겁을 주었다.
- 피터가 늑대를 물리치고 행진을 한다.

어떤 악기로 표현했지?
- 할아버지 — 바순
- 새소리 — 〔라〕
- 피터 — 현악 4중주
- 오리 — 오보에
- 고양이 — 클라리넷
- 총소리 — 〔마〕

각각의 느낌에 어울리는 악기를 떠올려 봐!

1 〈피터와 늑대〉는 인물의 성격이나 행동에 어울리는 악기를 사용하여 만든 재미있는 음악입니다. 친구들이 작곡가라면 다음 장면을 어떤 악기로 표현하고 싶은지 보기에서 골라 답해 보세요.

① ② ③

보기

| 트라이앵글 | 탬버린 | 큰북 | 캐스터네츠 |

2 다음은 앞의 글을 읽은 친구들의 대화입니다. 가장 바르지 못한 의견을 내고 있는 친구는 누구인가요?

① 이 곡은 러시아 작곡가가 어린이를 위해 만든 곡이래. 그래서 음악이 재미있는 것 같아.

② 바이올린, 비올라, 첼로, 큰북으로 연주하는 것을 현악 4중주라고 하는구나.

③ 플루트의 맑고 깨끗한 소리와 새소리가 잘 어울리는 것 같아.

④ 그냥 음악만 듣는 것보다 설명을 함께 들으면 음악을 더 잘 이해할 수 있어.

13 꼼꼼히 집중하여 읽기

글의 갈래 | 견학 기록문
걸린 시간 | 　분　　초

 오늘 읽어 볼 글입니다. 차근차근 잘 읽고, 문제를 풀어 보세요.

　지난 금요일, 친구들과 과자 공장에 견학을 갔다. 맛있는 과자와 사탕을 실컷 먹을 수 있다고 생각하니 가슴이 설레었다. 우리는 비닐 모자와 위생 옷을 입고, 몸을 ❶소독하고 공장으로 들어섰다. 공장은 무척 컸는데 일하는 사람은 별로 없었다. 사람 대신 기계가 일하기 때문이라고 했다.

　맨 처음, 껌을 만드는 곳으로 갔다. 장판처럼 크고 넓은 껌이 한 입 크기로 잘려 척척 포장되는 과정이 무척 신기했다.

　그 다음에는 과자를 만드는 곳으로 갔다. 아저씨가 단추를 누르자 기계가 알아서 밀가루를 반죽하고, 반죽한 것을 알맞은 크기로 자르고 구웠다. 와르르 쏟아지는 과자를 보니 ❷군침이 돌았다.

　마지막으로 사탕을 만드는 곳으로 갔다. 엄청난 양의 설탕을 녹여 틀에 넣고 식히자 예쁜 빛깔의 사탕이 쏟아져 나왔다. 막 만들어진 사탕을 입에 넣자 따뜻하고 향긋하고 달콤한 맛이 온몸에 퍼지는 것 같았다.

　공장에서 나오자, 아저씨가 과자와 사탕을 푸짐하게 나누어 주셨다. 신기한 구경도 하고, 큰 선물도 받은 신 나는 하루였다.

❶ **소독** : 병균이나 병이 옮는 것을 막기 위하여 그것을 죽이는 일
❷ **군침** : 아무 까닭 없이 입 안에 도는 침

 글밥지도 그리기

다음은 앞에서 읽은 글의 내용을 한눈에 볼 수 있도록 정리한 글밥지도입니다. 보기에서 알맞은 말을 골라 빈칸을 채워 보세요. 그리고 글에 알맞은 제목을 찾아 선으로 이어 보세요.

- 나 — 언제 ┐
- 친구들 — 누구와 ┘ → 언제, 누구와 갔지?

어디를 견학했지?

가

- 가슴이 설레었다. → 견학가기 전 기분은?

이 글의 제목은?

- 과자가 만들어지기까지
- 신기한 사탕 포장 기계
- 신 나는 과자 공장 견학

글에 어울리는 제목을 골라 연결해 봐!

- 제목으로 딱이야!
- 글과 전혀 상관없어!
- 제목으로는 부족해!

① 과자 공장　　② 지난 금요일　　③ 과자와 사탕 실컷 먹기
④ 몸을 소독하기　⑤ 초콜릿 바르기　⑥ 사탕
⑦ 과자와 사탕을 포장하기　⑧ 과자와 사탕을 선물 받음

- 공장에서 무엇을 했지?
  - 공장에 들어가기 전
    - 비닐 모자와 위생 옷 입기
    - (다)
  - 공장에 들어가서
    - 껌 만드는 모습 구경하기
    - 과자 만드는 모습 구경하기
    - (라) 만드는 모습 구경하기
  - 공장을 나와서
    - (마)

공장에서 있었던 일들을 떠올려 봐.

1 글쓴이는 친구들과 과자 공장을 견학하면서 많은 경험을 했습니다. 글쓴이가 경험한 순서대로 번호를 써 보세요.

①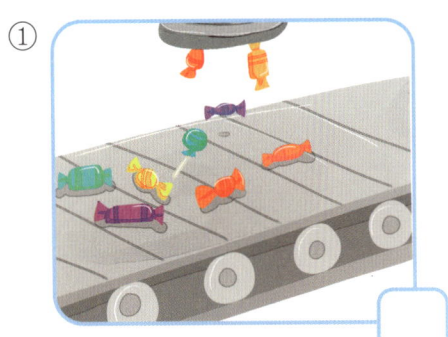

②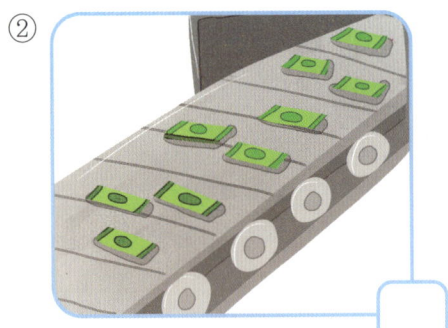

③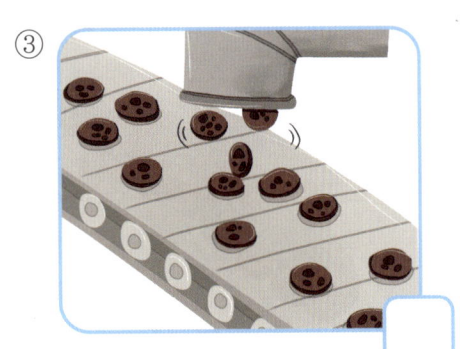

④

2 다음은 앞의 글을 읽은 친구들의 대화입니다. 가장 바르지 <u>못한</u> 의견을 내고 있는 친구는 누구인가요?

① 과자 공장에서 커다란 공장과 많은 사람들이 일하는 모습을 구경했구나.

② 공장을 견학하기 전, 견학할 때, 견학하고 난 후를 시간 순서대로 잘 정리했어.

③ 나도 금방 만들어진 따끈한 과자와 사탕을 맛보고 싶어. 어떤 맛일지 정말 궁금해.

④ 공장을 견학할 때에는 일하는 사람들에게 방해가 되지 않도록 질서를 잘 지키는 게 중요해.

꼼꼼히 집중하여 읽기

글의 갈래 | 전래 동요
걸린 시간 | 분 초

 오늘 읽어 볼 글입니다. 차근차근 잘 읽고, 문제를 풀어 보세요.

시아버지 방귀는 호령① 방귀
시어머니 방귀는 잔소리 방귀
며느리 방귀는 도둑 방귀
서방님 방귀는 사랑 방귀
아들 방귀는 유세② 방귀
딸의 방귀는 연지③ 방귀
손자 방귀는 구염④ 방귀

① **호령** : 큰 소리로 명령함
② **유세** : 권력이나 힘이 있는 것
③ **연지** : 여자의 입술이나 볼에 찍는 붉은색 화장품
④ **구염** : 귀여움

 다음은 앞에서 읽은 글의 내용을 한눈에 볼 수 있도록 정리한 글밥지도입니다. 보기 에서 알맞은 말을 골라 빈칸을 채워 보세요. 그리고 글에 알맞은 제목을 찾아 선으로 이어 보세요.

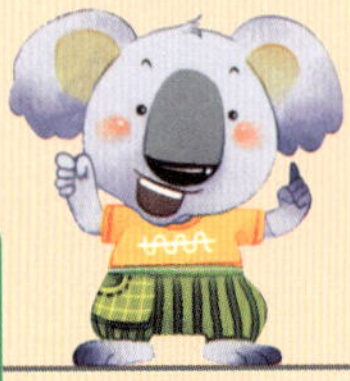

글을 읽으니 어떤 모습이 떠오르지?

나

되풀이되는 말은?

가

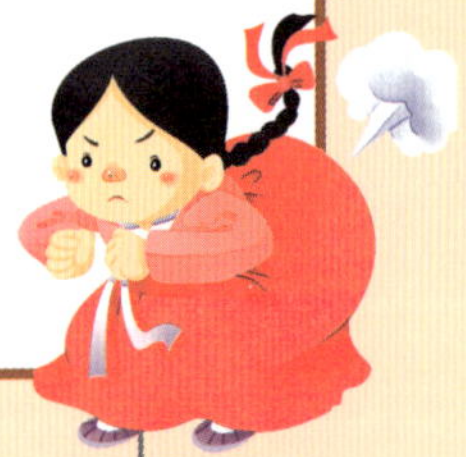

이 글의 제목은?

글에 어울리는 제목을 골라 연결해 봐!

방귀 냄새 | 방귀 타령 | 몰래 뀌는 방귀

제목으로 딱이야! | 글과 전혀 상관없어! | 제목으로는 부족해!

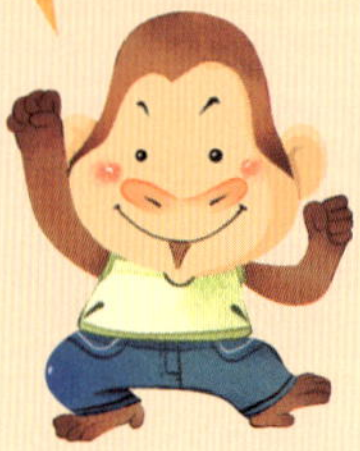

보기
1. 가족이 노래하는 모습
2. 가족들이 방귀 뀌는 모습
3. 잔소리
4. 방귀
5. 호령 방귀
6. 사랑 방귀
7. 손자
8. 부인

가족들의 방귀 이름은?
- 시아버지 — 다
- 시어머니 — 잔소리 방귀
- 며느리 — 도둑 방귀
- 서방님 — 라
- 아들 — 유세 방귀
- 딸 — 연지 방귀
- 마 — 구염 방귀

가족들이 뀌는 방귀의 이름을 떠올려 봐.

1 〈방귀 타령〉은 가족들의 행동이나 마음을 방귀에 빗대어 부른 전래 동요입니다. 다음 인물들의 행동이나 마음을 잘 생각해 보고, 보기 에서 알맞은 말을 골라 새로운 방귀 노래를 지어 보세요.

할아버지 방귀는 [   ] 방귀

할머니 방귀는 [   ] 방귀

아빠 방귀는 [   ] 방귀

엄마 방귀는 [   ] 방귀

내 방귀는 [   ] 방귀

보기: 잔소리, 허허, 깔깔, 후닥닥, 살금살금, 사르르, 초롱, 어흥, 사랑, 뿡뿡

우리 가족의 특징을 떠올리며 재미있는 방귀 노래를 지어 봐!

2 다음은 앞의 글을 읽은 친구들의 대화입니다. 가장 바르지 <u>못한</u> 의견을 내고 있는 친구는 누구인가요?

① 방귀가 나오는데 함부로 뀌지 못하고 도둑처럼 몰래 뀌는 며느리의 모습을 상상하니 웃음이 나와.

② 시어머니가 며느리에게 잔소리하는 모습이 떠올라. 그래서 시어머니 방귀는 잔소리 방귀라고 했나 봐.

③ 방귀 이름만 들어도 그 사람의 행동이나 마음을 알 것 같아.

④ 시어머니에게 구박받아서 울고 있는 며느리의 모습이 떠올라.

15 꼼꼼히 집중하여 읽기

글의 갈래 | 일기
걸린 시간 | 분 초

 오늘 읽어 볼 글입니다. 차근차근 잘 읽고, 문제를 풀어 보세요.

20○○년 ○○월 ○○일   날씨 : 시원한 바람이 붊

　엄마가 잠시 옆집에 간 사이 동생 우미가 일을 저지르고 말았다. 삶은 달걀을 넣어 둔 통에 엄마가 새로 사 온 날달걀을 넣어 버린 것이다. 나는 어느 것이 삶은 달걀이고 어느 것이 날달걀인지 가려낼 수가 없었다. 둘 다 모양도 똑같고 색깔도 똑같았기 때문이다.
　그때, 옆집에서 돌아오신 엄마께 우미가 한 일을 말씀드리자 엄마는 빙그레 웃으시더니 달걀을 하나씩 꺼내 방바닥에 돌렸다.
　"상훈아, 달걀을 돌려 보면 삶은 달걀과 날달걀을 금방 가려낼 수 있어. 이것처럼 오래 도는 것은 삶은 달걀이고, 저것처럼 금방 멈추는 것은 날달걀이야."
　"우아, 신기하다. 왜 그런 거예요?"
　"삶은 달걀은 속이 꽉 차서 오래 돌지만, 날달걀은 속이 물 같은 액체 상태라 금방 쓰러진단다."
　내일 학교에 가서 친구들에게 삶은 달걀과 날달걀을 가려내는 방법을 알려 주어야겠다.

 **글밥지도 그리기**

다음은 앞에서 읽은 글의 내용을 한눈에 볼 수 있도록 정리한 글밥지도입니다. 보기 에서 알맞은 말을 골라 빈칸을 채워 보세요. 그리고 글에 알맞은 제목을 찾아 선으로 이어 보세요.

- 무엇이 섞였지? 
- 가
- 나
- 누가 섞었지?
- 삶은 달걀과 날달걀의 모양과 색깔이
- 다
- 왜 달걀을 가려내지 못했지?
- 라
- 삶은 달걀
- 날달걀
- 금방 멈춘다.
- 달걀을 돌리면?

보기

① 삶은 달걀과 날달걀　② 상훈이　③ 우미
④ 달라서　⑤ 같아서　⑥ 오래 돈다.
⑦ 금방 멈춘다.　⑧ 꽉 차 있어서

- 왜 다르게 돌지?
  - 삶은 달걀 — 속이 [마]
  - 날달걀 — 속이 액체 상태라서

엄마께서 하신 말씀을 떠올려 봐.

- 이 글의 제목은?
  - 날달걀을 보관하는 방법 — 글과 전혀 상관없어!
  - 우미가 일을 저질렀어요 — 제목으로는 부족해!
  - 삶은 달걀과 날달걀 가려내기 — 제목으로 딱이야!

글에 어울리는 제목을 골라 연결해 봐!

1 상훈이는 학교에 가서 삶은 달걀과 날달걀을 가려내는 방법을 알려 주어야겠다고 생각했습니다. 다음날 학교에서 친구들에게 어떻게 말했을지 보기에서 골라 답해 보세요.

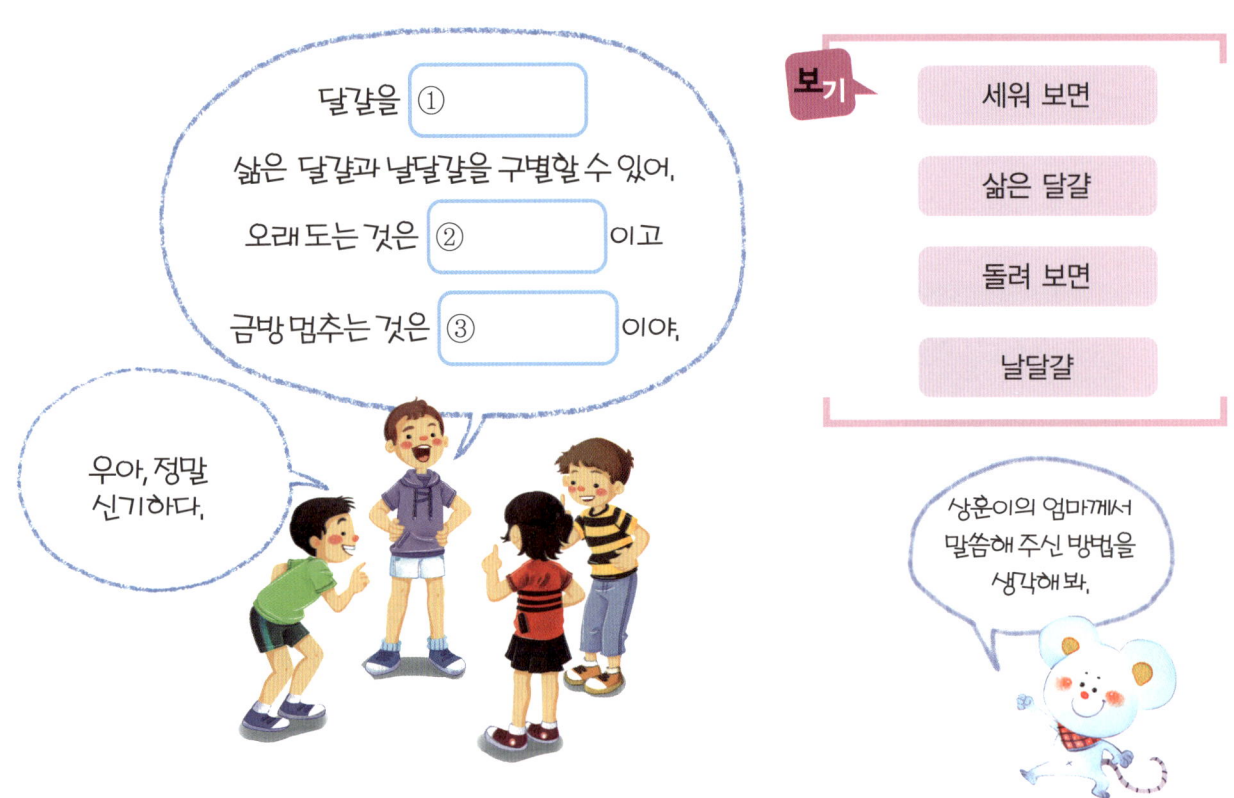

2 다음은 앞의 글을 읽은 친구들의 대화입니다. 가장 바르지 <u>못한</u> 의견을 내고 있는 친구는 누구인가요?

① 달걀을 돌려서 삶은 달걀과 날달걀을 가려낼 수 있다는 게 참 신기해.

② 예전에는 삶은 달걀과 날달걀을 가려내지 못해서 깨뜨려 보곤 했는데 앞으로는 돌려 봐야겠어.

③ 삶은 달걀은 속이 액체라서 오래 돌고, 날달걀은 속이 꽉 차서 금방 멈추는 거래.

④ 달걀을 가려내는 방법처럼 우리가 모르는 생활 속 지혜가 참 많은 것 같아. 또 어떤 것이 있을지 궁금해.

16 꼼꼼히 집중하여 읽기

글의 갈래	소개하는 글
걸린 시간	분 초

 오늘 읽어 볼 글입니다. 차근차근 잘 읽고, 문제를 풀어 보세요.

　내 이름은 지현이에요. 친구들에게 멋진 내 방을 소개하고 싶어요.
　방문 앞에 서면 '지현이의 방'이라는 문패❶를 볼 수 있어요. 방문 뒤에는 탐험가를 꿈꾸는 내가 매일매일 바라보는 세계 지도가 붙어 있어요.
　방문을 열고 들어오면 왼쪽에는 책상이 있어요. 책상 위에는 아침마다 나를 깨워 주는 자명종 시계, 코끼리 모양의 연필통, 영어와 노래를 들을 수 있는 라디오가 있어요. 책상 옆에는 책꽂이가 있어요.
　방 가운데에는 커다란 창문이 있어요. 창문에는 분홍색 바탕에 노란색 나비가 그려진 예쁜 커튼이 달려 있어요.
　방 오른쪽에는 침대와 서랍장이 있어요. 침대 위에는 밤에 나를 지켜 주는 곰 인형 두 개가 있어요. 서랍장 위에는 내가 아끼는 핀을 모아 놓은 보석함, 여러 가지 장난감을 모아 놓은 장난감 상자가 있어요.

　어때요? 내 방의 모습이 한눈에 그려지죠?

❶ 문패 : 주소나 이름 따위를 적어서 문 위나 옆에 붙이는 작은 패

다음은 앞에서 읽은 글의 내용을 한눈에 볼 수 있도록 정리한 글밥지도입니다. 보기 에서 알맞은 말을 골라 빈칸을 채워 보세요. 그리고 글에 알맞은 제목을 찾아 선으로 이어 보세요.

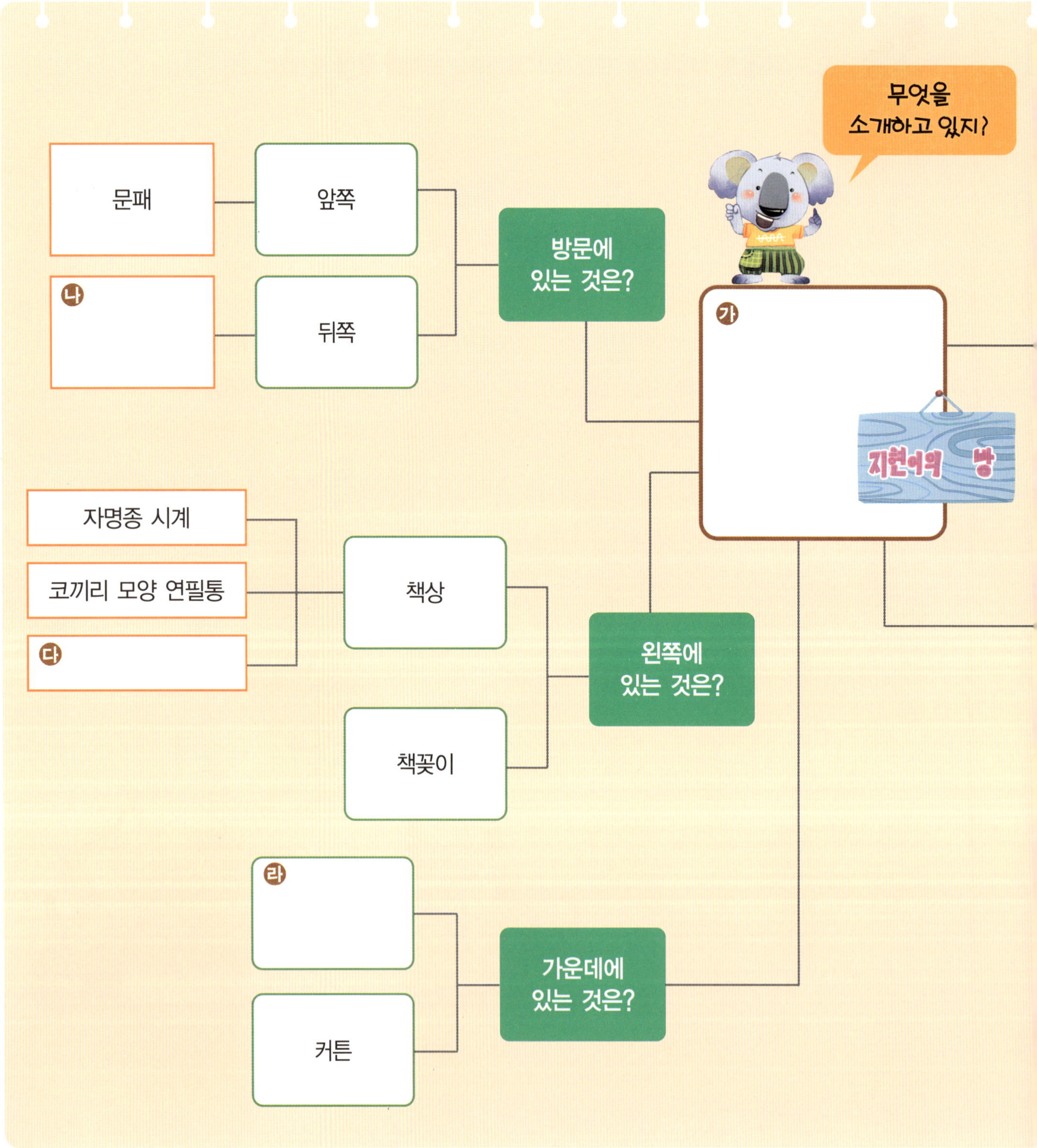

무엇을 소개하고 있지?

- 문패 — 앞쪽
- 나 — 뒤쪽
- → 방문에 있는 것은?

- 자명종 시계
- 코끼리 모양 연필통
- 다
- → 책상
- 책꽂이
- → 왼쪽에 있는 것은?

- 라
- 커튼
- → 가운데에 있는 것은?

가: 지현이의 방

보기
① 내 방　② 지현이　③ 세계 지도　④ 영어책
⑤ 라디오　⑥ 창문　⑦ 간식　⑧ 서랍장

글쓴이의 방에 있는 것을 떠올려 봐.

오른쪽에 있는 것은?
- 침대 ― 곰 인형 두 개
- ㈎ ― 보석함
- 　　― 장난감 상자

이 글의 제목은?
- 커다란 창문이 있는 나의 방 → 제목으로 딱이야!
- 지현이의 방을 소개합니다 → 글과 전혀 상관없어!
- 지현이의 장래 희망 → 제목으로는 부족해!

글에 어울리는 제목을 골라 연결해 봐!

1 지현이의 방에는 여러 가지 물건이 있습니다. 다음 중 지현이 방에 없었던 물건을 모두 찾아 ∨표 해 주세요.

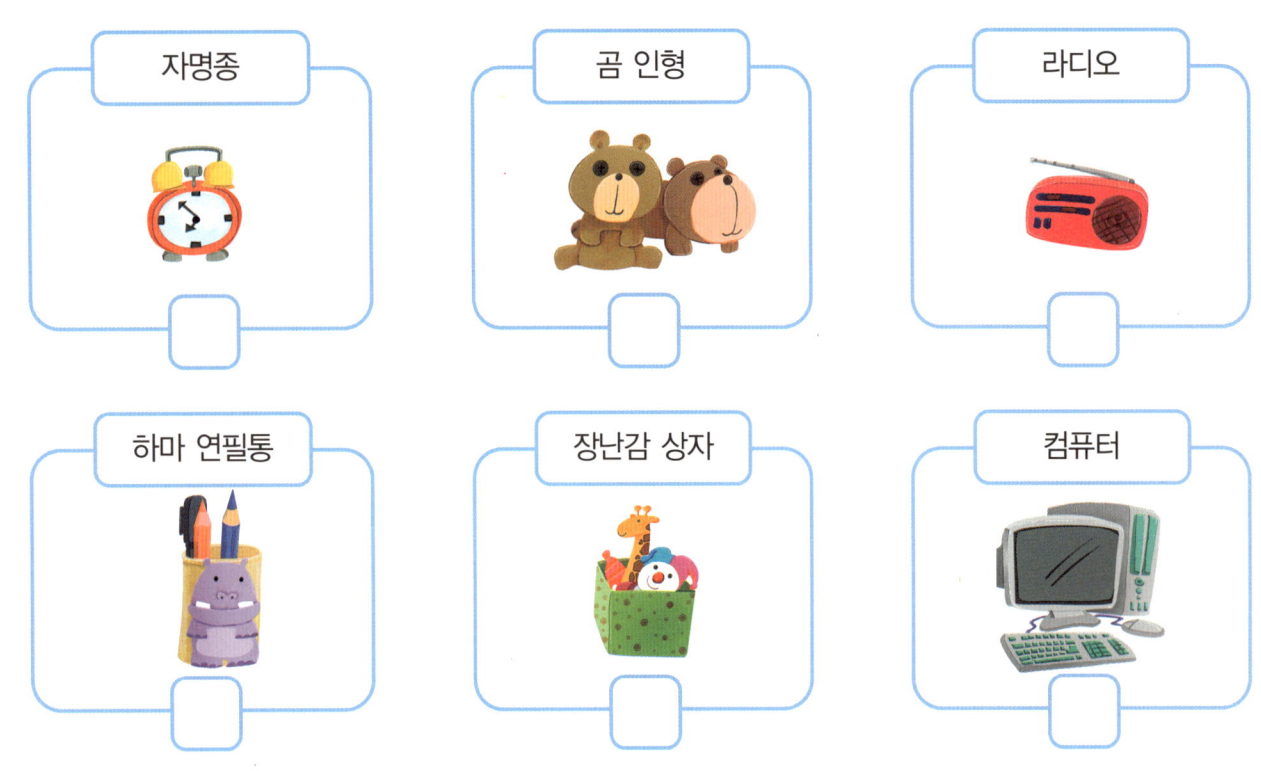

2 다음은 앞의 글을 읽은 친구들의 대화입니다. 가장 바르지 못한 의견을 내고 있는 친구는 누구인가요?

① 지현이의 꿈은 탐험가가 되는 거야. 그래서 방문에 세계 지도를 붙여 놓았구나.

② 왼쪽, 가운데, 오른쪽 순서로 방을 차례차례 소개해서 방의 모습이 한눈에 보이는 것 같아.

③ 친구들이 내 방을 부러워하도록 여러 가지 물건이 많은 것처럼 꾸며 쓰는 것이 좋아.

④ 나도 지현이처럼 내 방을 친구들에게 소개해 주고 싶어.

17 꼼꼼히 집중하여 읽기

글의 갈래 | 독서 감상문
걸린 시간 | 분 초

 오늘 읽어 볼 글입니다. 차근차근 잘 읽고, 문제를 풀어 보세요.

　동생과 함께 〈아낌없이 주는 나무〉를 읽었다.
　나무는 소년의 놀이터가 되어 주기도 하고, 그늘이 되어 주기도 했다. 어른이 된 소년은 나무의 열매를 팔아 돈을 벌고, 나무의 가지를 베어 집을 짓고, 나무의 줄기를 베어 배를 만들었다. 소년이 모든 것을 다 가져가도 나무는 소년에게 줄 것이 있어 행복했다. 소년이 할아버지가 되어 찾아왔을 때, 나무는 아무것도 줄 수 없는 것을 미안해하며 편히 쉴 수 있도록 밑동❶을 내어 주었다.
　이 책을 읽으면서 나무는 엄마, 아빠와 소년은 나와 비슷하다는 생각을 했다. 엄마와 아빠는 아무 조건 없이 나를 사랑하시고, 나무가 소년에게 그랬듯이 나에게 모든 것을 주고 싶어 하시기 때문이다. 나 역시 소년이 나무에게 그랬듯 엄마와 아빠의 사랑을 당연하게 생각하고 고마움을 몰랐던 것 같다. 늘 아낌없이 주는 나무가 되어 주신 엄마, 아빠께 감사의 편지를 써야겠다. 그리고 나도 부모님께 아낌없이 주는 '은수'가 되고 싶다.

❶ 밑동 : 나무줄기에서 뿌리에 가까운 부분

 **글밥지도 그리기**

다음은 앞에서 읽은 글의 내용을 한눈에 볼 수 있도록 정리한 글밥지도입니다. 보기 에서 알맞은 말을 골라 빈칸을 채워 보세요. 그리고 글에 알맞은 제목을 찾아 선으로 이어 보세요.

- 놀이터가 되어 주었다.
- 그늘이 되어 주었다.
  - 어릴 때
- 열매를 팔아 돈을 마련하게 해 주었다.
- 가지를 베어 집을 짓게 해 주었다.
- 줄기를 베어 배를 만들게 해 주었다.
  - 나
- 밑동에서 편히 쉴 수 있게 해 주었다.
  - 다

나무가 소년에게 준 것은?

어떤 책을 읽었지?

가

라

- 아무 조건 없이 나를 사랑하시고 나에게 모든 것을 주고 싶어 하셔서
  - 누구와
  - 왜

나무는 누구와 왜 닮았지?

보기

① 나무와 소년　② 아낌없이 주는 나무　③ 동생
④ 집을 짓는 소년　⑤ 어른이 되었을 때　⑥ 나
⑦ 엄마와 아빠　⑧ 할아버지가 되었을 때

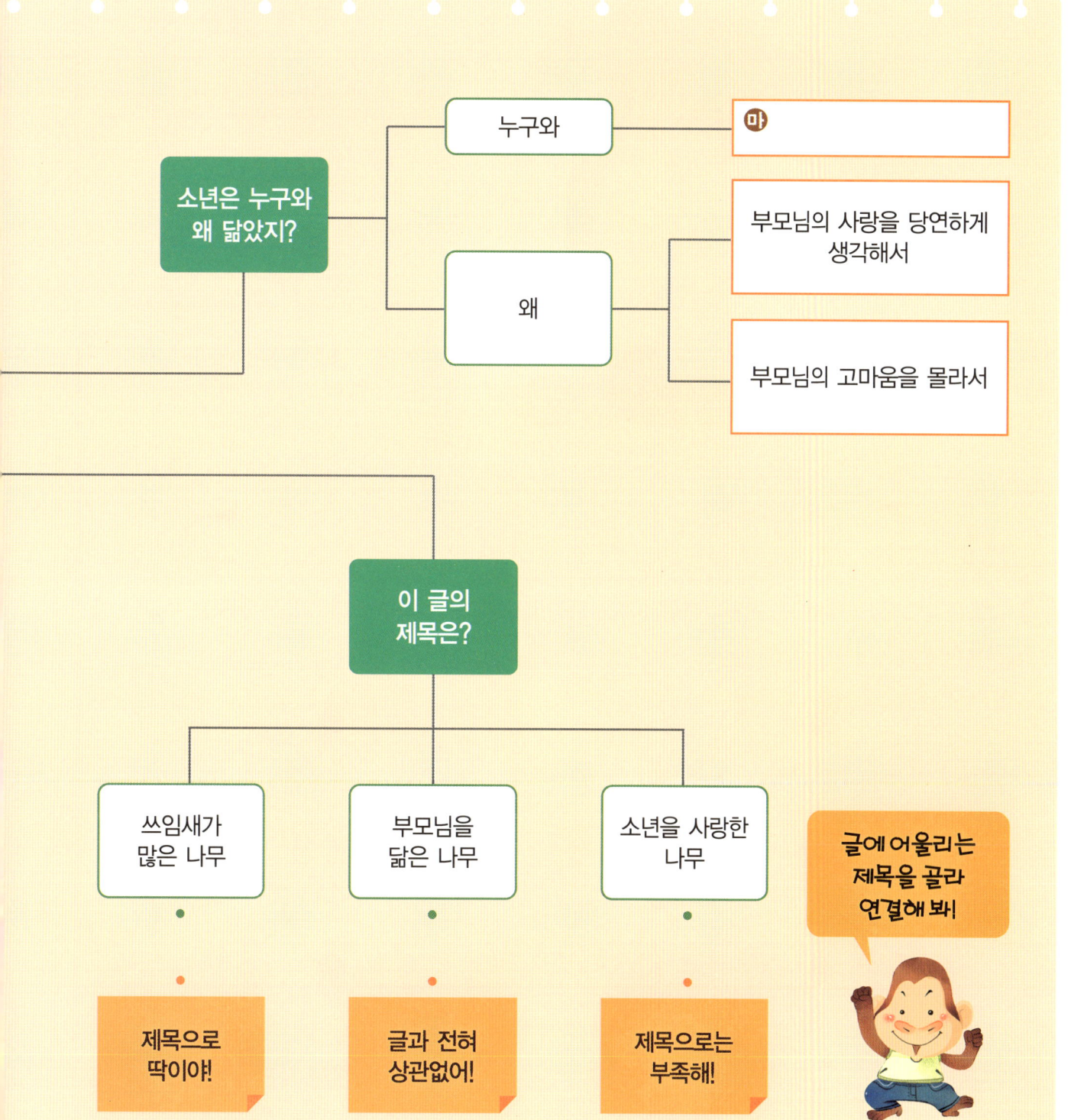

1 은수는 〈아낌없이 주는 나무〉를 읽고, 감동적인 장면들을 그림으로 그렸습니다. 이 그림에서 나무의 마음으로 알맞지 <u>않은</u> 것을 찾아 ∨표 해 보세요.

즐겁다.	☐
사랑스럽다.	☐
행복하다.	☐
귀찮다.	☐

나무의 마음을 상상해 봐.

2 다음은 앞의 글을 읽은 친구들의 대화입니다. 가장 바르지 <u>못한</u> 의견을 내고 있는 친구는 누구인가요?

① 아낌없이 주고도 더 주지 못한 것을 미안하는 걸 보니 나무는 소년을 사랑했나 봐.

② 소년은 나무에게 아무것도 해 주지 않고 받기만 했어. 그래서 난 소년이 좀 얄밉게 느껴졌어.

③ 자원봉사를 하는 사람들도 나무처럼 아낌없이 주는 사람들이라고 생각해.

④ 소년은 맨 처음에는 나무의 열매를 가져가고, 그 다음에는 줄기, 마지막에는 가지를 가져갔어.

18 꼼꼼히 집중하여 읽기

글의 갈래	편지글
걸린 시간	분 초

 오늘 읽어 볼 글입니다. 차근차근 잘 읽고, 문제를 풀어 보세요.

혁규에게

혁규야, 안녕? 나 진수야. 주말에 놀이동산에 잘 다녀왔니?

네가 수업이 끝나면 매일 학교 운동장에 남아서 축구 연습을 하자고 했잖아. 너에게 정말 미안하지만 나는 그럴 수 없을 것 같아.

왜냐하면, 수업이 끝나면 유치원에 동생을 데리러 가야 하기 때문이야. 동생이 여섯 살이라서 길을 잃을 때가 있어. 동생 혼자 집에 가면 엄마도 무척 걱정하실 테고, 나도 불안해서 축구를 마음껏 할 수 없을 것 같아. 또 다른 까닭은 학원 시간 때문이야. 나는 학교가 끝나면 바로 태권도 학원과 영어 학원에 가야 해. 한 달 뒤에 태권도 시합이 있어서 학원에 빠질 수가 없구나.

너와 같이 축구 연습을 하고 싶은데 못 하게 되어 나도 무척 안타까워. 이런 내 마음 이해해 줄 수 있지?

그럼 내일 학교에서 만나자. 안녕.

○○월 ○○일

너의 친구 진수가

다음은 앞에서 읽은 글의 내용을 한눈에 볼 수 있도록 정리한 글밥지도입니다. 보기 에서 알맞은 말을 골라 빈칸을 채워 보세요.

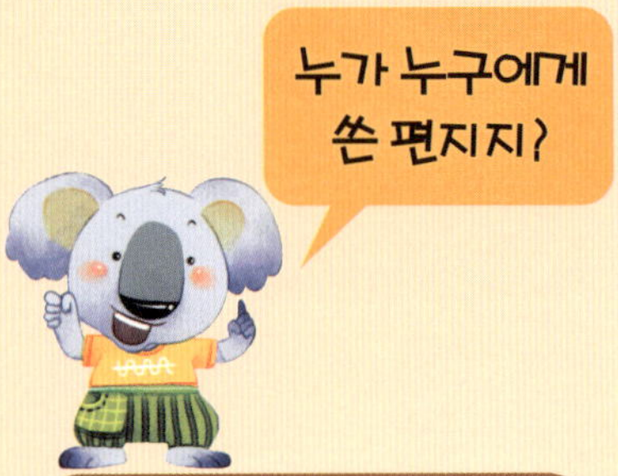

누가 누구에게 쓴 편지지?

가

편지를 쓴 까닭은?

나 　　　을 거절하려고

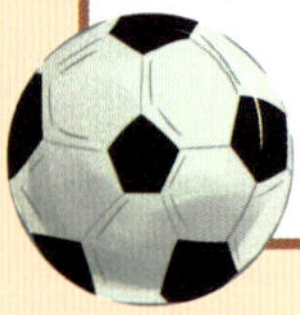

혁규 — 누가

매일 학교 운동장에서 다 　　　을 하자. — 무엇을

누가 무엇을 부탁했지?

편지를 받는 사람은 앞에, 쓴 사람은 뒤에 나온단다.

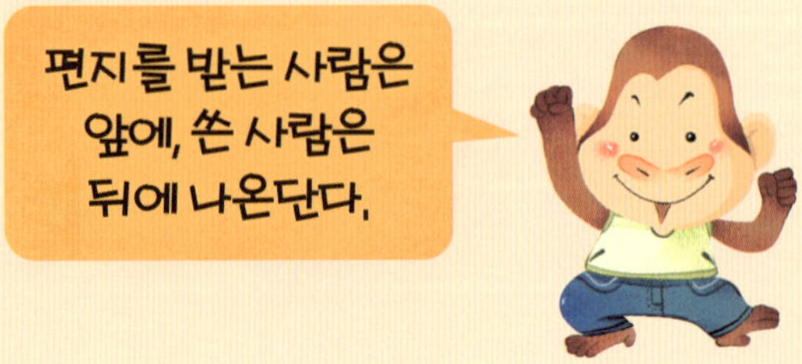

보기
① 혁규가 진수에게　② 진수가 혁규에게　③ 선물
④ 부탁　⑤ 축구 연습　⑥ 엄마
⑦ 동생　⑧ 태권도

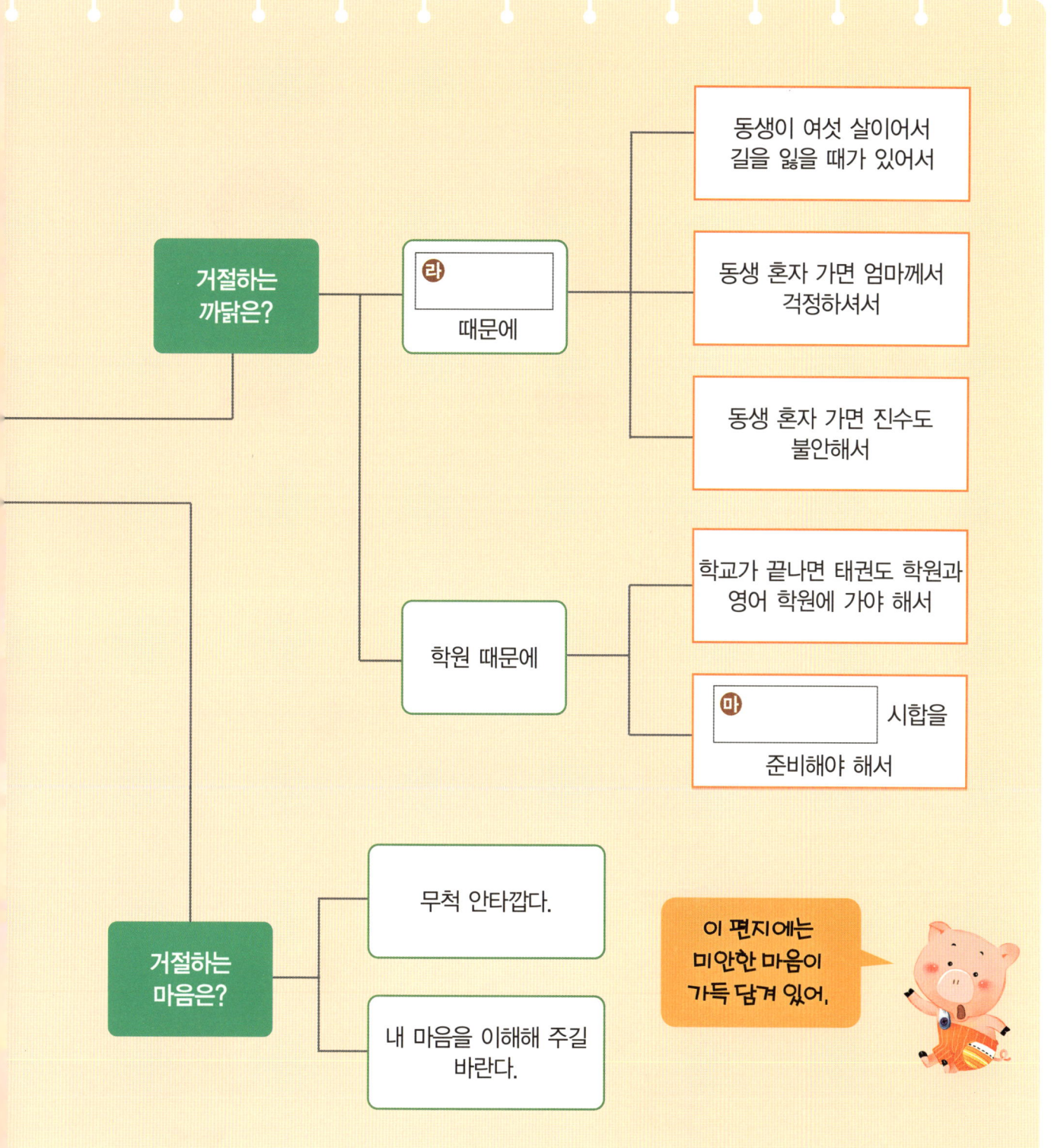

1 미안한 마음이 가득 담긴 진수의 편지를 받은 혁규는 어떤 생각을 했을까요? 알맞은 것에 ○표 해 보세요.

① 나보다 동생을 더 중요하게 생각하다니 미워.

② 아, 진수에게 이런 사정이 있었구나.

③ 내 부탁을 거절하다니 다시는 같이 안 놀아.

2 다음은 앞의 글을 읽은 친구들의 대화입니다. 가장 바르지 <u>못한</u> 의견을 내고 있는 친구는 누구인가요?

① 혁규는 주말에 놀이동산에 갔었고, 진수는 주말 내내 혁규의 부탁 때문에 고민했겠구나.

② 거절하는 편지를 쓸 때에는 다시는 부탁하지 못하도록 기분 나쁘게 써야 해.

③ 진수도 혁규와 같이 축구 연습을 하지 못해서 무척 안타까워하고 있어.

④ 만약 혁규가 진수에게 답장을 쓴다면 진수의 마음을 이해한다고 쓸 것 같아.

19 꼼꼼히 집중하여 읽기

글의 갈래	부탁하는 글
걸린 시간	분 초

 오늘 읽어 볼 글입니다. 차근차근 잘 읽고, 문제를 풀어 보세요.

저는 여러분과 같은 동네에 살고, 푸른 공원을 사랑하는 유나연이라고 해요.

얼마 전, 저는 아주 안 좋은 일을 겪었어요. 볼일이 급해서 공원 화장실에 갔는데, 화장실이 너무 더러워서 그냥 나와야 했어요.

마을 주민 여러분, 다른 사람들이 저와 같은 일을 겪지 않도록 공원 화장실을 깨끗하게 사용해 주세요.

볼일을 보면 다른 사람을 위해 꼭 물을 내려 주세요. 여러분이 화장실 문을 열었을 때 앞 사람이 볼일을 보고 물을 내리지 않았다고 생각해 보세요. 아마 저처럼 기분이 나쁠 거예요. 또, 볼일을 보고 나서 물을 내리지 않으면 화장실에서 나쁜 냄새가 나요.

사용한 화장지는 꼭 휴지통에 넣어 주세요. 바닥에 아무렇게나 버리면 지저분해 보이고, 다른 사람들도 화장지를 바닥에 버리게 돼요. 그렇다고 화장지를 변기에 버리면 막힐 수도 있으니 화장지는 꼭 휴지통에 넣어야 해요.

그리고 바닥에 침을 뱉지 말아 주세요. 침을 보면 속이 울렁거려요. 또, 혹시 밟지 않았을까 걱정도 되고요.

마을 주민 여러분, 모두가 기분 좋게 공원 화장실을 이용할 수 있도록 다 함께 노력해 주세요.

다음은 앞에서 읽은 글의 내용을 한눈에 볼 수 있도록 정리한 글밥지도입니다. 보기에서 알맞은 말을 골라 빈칸을 채워 보세요. 그리고 글에 알맞은 제목을 찾아 선으로 이어 보세요.

어디를 깨끗하게 사용해 달라고 했지?

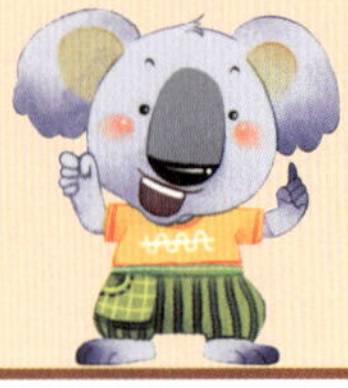

유나연 — 누가

㉯ — 누구에게

누가 누구에게 부탁했지?

㉮

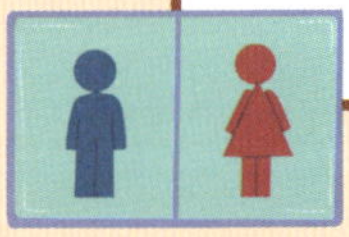

공원 화장실이 너무 ㉰ — 문제점

공원 화장실을 깨끗하게 사용하기 — 부탁하는 것

문제점과 부탁하는 것은?

글쓴이가 부탁한 것이 무엇인지 떠올려 봐.

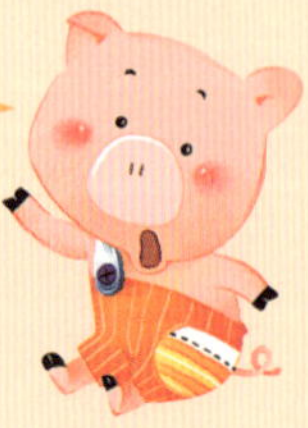

90

보기
① 푸른 공원　　② 공원 화장실　　③ 마을 주민들
④ 깨끗하다.　　⑤ 더럽다.　　⑥ 물 버리기
⑦ 물 내리기　　⑧ 휴지통

깨끗하게 사용하려면?
- 볼일을 본 뒤 [라]
- 화장지는 [마] 에 버리기
- 바닥에 침 뱉지 않기

이 글의 제목은?
- 푸른 공원을 사랑해 주세요 → 글과 전혀 상관없어!
- 볼일 보고 물을 내리자 → 제목으로는 부족해!
- 공원 화장실 깨끗이 사용하기 → 제목으로 딱이야!

글에 어울리는 제목을 골라 연결해 봐!

91

1 나연이는 공원 화장실을 깨끗하게 사용할 수 있는 방법을 말했습니다. 나연이가 부탁한 대로 하지 <u>않으면</u> 어떻게 될지 선으로 이어 보세요.

볼일 보고 물을 내리지 않으면	속이 울렁거리고, 밟을까 봐 걱정돼요.
화장지를 아무데나 버리면	다른 사람도 바닥에 버리게 되고, 변기가 막힐 수도 있어요.
바닥에 침을 뱉으면	기분이 나쁘고, 화장실에서 나쁜 냄새가 나게 돼요.

나연이가 지켰으면 좋겠다고 말한 것과 까닭을 생각해 봐.

2 다음은 앞의 글을 읽은 친구들의 대화입니다. 가장 바르지 <u>못한</u> 의견을 내고 있는 친구는 누구인가요?

① 나연이는 공원 화장실에 갔다가 볼일도 보지 못하고 그냥 나왔구나.

② 마을 주민들이 공원 화장실을 사용하지 못하도록 해야 해. 그래야 화장실이 더러워지지 않지.

③ 우리 집 화장실처럼 공원 화장실을 깨끗하게 사용하려는 마음이 중요한 것 같아.

④ 이 글을 읽은 마을 주민들이 반성하고, 공원 화장실을 깨끗하게 썼으면 좋겠어.

20 꼼꼼히 집중하여 읽기

글의 갈래 | 관찰 기록문
걸린 시간 | 　분　　초

 오늘 읽어 볼 글입니다. 차근차근 잘 읽고, 문제를 풀어 보세요.

　엄마를 따라 꽃 시장에 갔다가 신기하게 생긴 식물을 보았다. 파리 같은 벌레를 잡아먹어 '파리지옥'이라고 불리는 식물이었다.
　파리지옥의 전체 모습은 조개가 벌어진 모습과 비슷했다. 둥그스름한 잎 두 장이 붙어 있었고, 잎의 가장자리에 가시 같은 긴 털이 나 있었는데 마치 기다란 이빨을 가진 괴물 같았다.
　파리지옥의 잎 안쪽에는 세 개 정도의 감각모라는 자극을 받아들이는 털이 있는데 이것으로 벌레의 움직임을 알아챈다고 한다. 벌레가 잎 속으로 들어와 감각모를 건드리면 눈 깜짝할 사이에 잎을 닫아 버리고, 소화액을 내 보내 벌레를 소화시키는 것이다. 보통 벌레를 소화하는 데 일주일에서 열흘이 걸리는데 소화를 다 시킨 후에야 다시 잎을 연다고 한다.
　파리지옥을 보니 이름처럼 파리에게는 정말 지옥이나 다름없을 거라는 생각이 들었다. 나는 파리지옥이 잎을 닫는 모습이 궁금하여 파리가 나타나기를 한참 동안 기다렸다. 아쉽게도 파리는 나타나지 않았지만 오늘 본 파리지옥의 모습을 오랫동안 잊지 못할 것 같다.

다음은 앞에서 읽은 글의 내용을 한눈에 볼 수 있도록 정리한 글밥지도입니다. 보기에서 알맞은 말을 골라 빈칸을 채워 보세요. 그리고 글에 알맞은 제목을 찾아 선으로 이어 보세요.

- 조개가 벌어진 모습과 비슷하다. — 전체 모습은?
- 꽃 시장에서 무엇을 보았지? 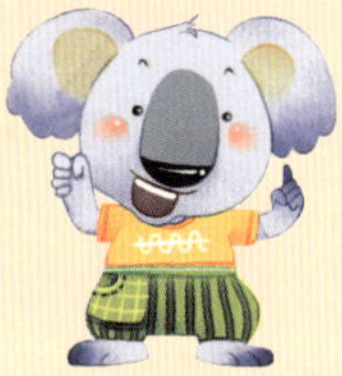
- 가
- 둥그스름하다. — 모양
- 나 — 개수
- 다 긴 털이 있다. — 가장자리
- 잎 관찰하기

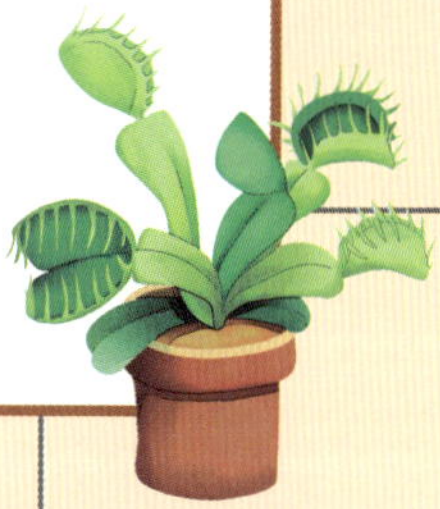

파리지옥의 잎에 대해 글쓴이가 설명한 것을 떠올려 봐.

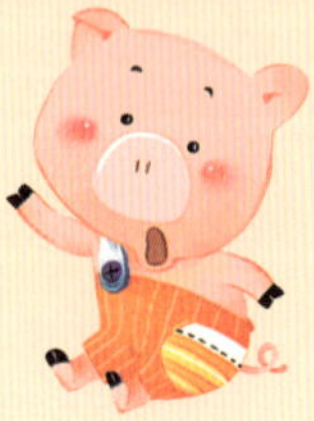

① 파리지옥　② 신기한 식물　③ 두 장
④ 가시 같은　⑤ 솜털 같은　⑥ 잎의 안쪽
⑦ 잎의 바깥쪽　⑧ 세 개 정도

감각모란?
- 있는 곳 — 라
- 개수 — 마
- 하는 일 — 벌레의 움직임을 알아챈다.

이 글의 제목은?
- 파리지옥의 뿌리 관찰 → 제목으로 딱이야!
- 신기한 파리지옥 관찰 → 글과 전혀 상관없어!
- 감각모가 하는 일 → 제목으로는 부족해!

글에 어울리는 제목을 골라 연결해 봐!

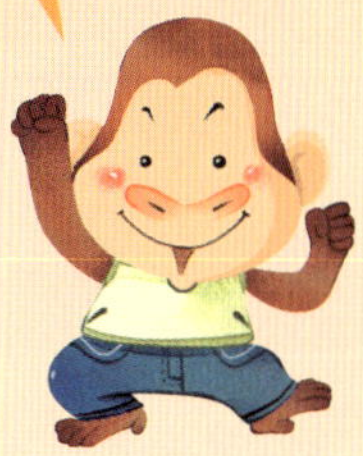

1 파리지옥이 벌레를 잡아먹고 소화시키는 과정을 정리하려고 합니다. 보기에서 빈칸에 들어갈 알맞은 말을 골라 답해 보세요.

벌레가 잎 안쪽에 있는 ① □ 를 건드린다.

눈깜짝할 사이에 잎을 닫아 버리고, ② □ 을 내 보낸다.

일주일에서 열흘 동안 ③ □ 를 시킨 후, 다시 잎을 연다.

보기: 소화   벌레   소화액   감각모

2 다음은 앞의 글을 읽은 친구들의 대화입니다. 가장 바르지 못한 의견을 내고 있는 친구는 누구인가요?

① 파리지옥이라는 이름이 재미있어. 파리에게는 정말 지옥 같은 식물일 거야.

② 파리지옥은 정말 순식간에 잎을 닫는구나.

③ 글쓴이는 한참을 기다려서 파리지옥의 잎이 닫히는 모습을 보았어.

④ 파리지옥의 잎은 한번 닫히면 일주일에서 열흘 후에 다시 열린다고 했어.

21 꼼꼼히 집중하여 읽기

| 글의 갈래 | 이야기 글 |
| 걸린 시간 | 분   초 |

 오늘 읽어 볼 글입니다. 차근차근 잘 읽고, 문제를 풀어 보세요.

옛날 어느 나라에 거짓말을 잘하는 백성들이 살고 있었어요. 임금은 어떻게 하면 정직한 나라를 만들 수 있을까 생각했어요.

그러던 어느 날, 임금은 백성들에게 꽃씨를 나누어 주며 말했어요.

"이 꽃씨로 아름다운 꽃을 피우는 사람에게는 상을 주고, 꽃을 피우지 못하는 사람에게는 벌을 내리겠다."

백성들은 꽃씨를 심고 정성스럽게 가꾸었지만 어찌된 일인지 싹이 돋지 않았어요. 하지만 벌을 받을까 봐 두려웠던 백성들은 새 꽃씨를 사다 심었어요. 그리고 약속한 날짜에 아름다운 꽃이 핀 화분을 들고 임금에게 갔어요. 하지만 한 소년은 임금을 속이면 안 된다고 생각하고 빈 화분을 들고 갔지요. 임금은 소년을 데리고 오라고 했어요. 백성들과 신하들은 그 소년이 큰 벌을 받을 거라고 생각하였어요.

"이 나라에서 정직한 사람은 이 소년뿐이다. 내가 나눠 준 꽃씨는 찐 꽃씨였다. 어떻게 그 씨앗이 꽃을 피울 수 있겠는가?"

임금은 소년에게 큰 상을 내렸고, 백성들은 부끄러워 고개를 들지 못했답니다.

다음은 앞에서 읽은 글의 내용을 한눈에 볼 수 있도록 정리한 글밥지도입니다. 보기에서 알맞은 말을 골라 빈칸을 채워 보세요. 그리고 글에 알맞은 제목을 찾아 선으로 이어 보세요.

나 ___ 나라를 만들고 싶어서 — 왜 나누어 주었지?

임금이 나누어 준 것은 무엇이지?

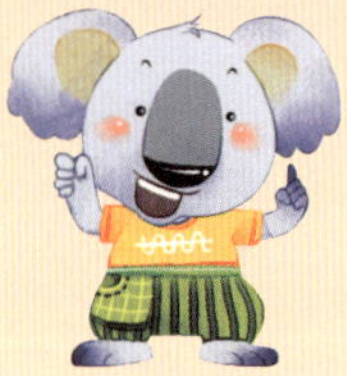

가

지혜롭다. — 임금

다 ___ 을 잘한다. — 백성들 — 등장인물의 성격은?

정직하다. — 소년

등장인물이 한 말과 행동을 떠올려 봐.

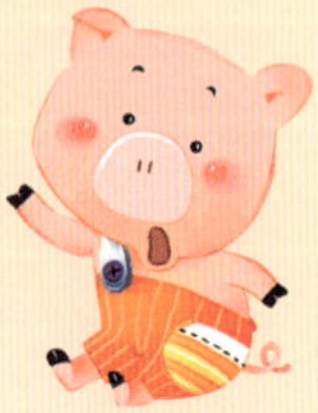

보기	❶ 꽃	❷ 찐 꽃씨	❸ 정직한
	❹ 거짓말	❺ 빈 화분	❻ 새 꽃씨
	❼ 상을 받으려고	❽ 임금을 속이면 안 된다고 생각해서	

무엇을 가져갔지?
- 백성들 → 꽃이 핀 화분
- 소년 → 라

왜 그것을 가져갔지?
- 백성들 → 벌을 받을까 봐
- 소년 → 마

이 글의 제목은?
- 화분과 꽃의 종류 → 제목으로 딱이야!
- 거짓말을 잘하는 백성들 → 글과 전혀 상관없어!
- 꽃씨와 정직한 소년 → 제목으로는 부족해!

글에 어울리는 제목을 골라 연결해 봐!

1 앞에서 읽은 이야기는 정직의 소중함을 알려 주고 있습니다. 거짓말을 할 때와 정직하게 말할 때 어떤 기분일지 보기에서 골라 일기를 완성해 보세요.

20○○년 ○○월 ○○일   날씨 : 매우 더움

교실에서 뛰어다니다가 교실에 있는 화분을 깨뜨렸다.

선생님께 들킬까 봐 마음이 ①

하지만 선생님께 솔직하게 말하고 나니 마음이 ②

보기   후련했다.   슬펐다.   즐거웠다.   불안했다.

2 다음은 앞의 글을 읽은 친구들의 대화입니다. 가장 바르지 못한 의견을 내고 있는 친구는 누구인가요?

① 임금은 마을 사람들에게 정직의 소중함을 알려 주기 위해 찐 꽃씨를 나누어 주었구나.

② 소년은 참 정직해. 벌을 받을 수도 있는데 빈 화분을 가져갔잖아.

③ 이 이야기 뒤에는 마을 사람들이 임금에게 들키지 않도록 더 큰 거짓말을 하는 내용이 이어질 거야.

④ 찐 꽃씨에서는 싹이 돋지 않는구나. 이야기를 읽고 처음 알았어.

22 꼼꼼히 집중하여 읽기

| 글의 갈래 | 설명하는 글 |
| 걸린 시간 | 분   초 |

 오늘 읽어 볼 글입니다. 차근차근 잘 읽고, 문제를 풀어 보세요.

　동물들은 왜 꼬리가 있는지 그 쓰임새에 대하여 알아볼까요?

　꼬리는 균형①을 잡는 역할을 해요. 고양이가 가느다란 나뭇가지 위를 잘 걷는 까닭은 막대기를 들고 외줄을 타는 사람처럼 꼬리를 이쪽저쪽으로 움직여 균형을 잘 잡기 때문이에요. 목이 아주 긴 공룡이 앞으로 쓰러지지 않는 까닭도 긴 꼬리가 엉덩이 쪽을 눌러 주기 때문이지요.

　꼬리는 방향을 바꾸는 역할도 해요. 새는 꼬리 날개가 두 갈래로 갈라져 있는데 꼬리 날개의 오른쪽을 내리면 오른쪽으로 방향을 바꿀 수 있어요.

　동물은 꼬리로 감정을 나타내기도 해요. 고양이가 꼬리 끝만 살랑거리면 한가하다는 뜻이고, 꼬리를 곤두세우면 화가 났다는 뜻이에요. 개도 기분이 좋으면 꼬리를 흔들고, 겁이 나면 다리 사이로 꼬리를 감추지요.

　꼬리는 적을 공격하는 무기로도 사용할 수 있어요. 전갈의 꼬리는 독을 내뿜는 독침 때문에 덩치가 큰 적들도 무서워한답니다.

　이처럼 동물의 꼬리는 저마다 쓰임새가 다르답니다.

① **균형** : 어느 한쪽으로 기울거나 치우치지 아니하고 고른 상태

 다음은 앞에서 읽은 글의 내용을 한눈에 볼 수 있도록 정리한 글밥지도입니다. 보기에서 알맞은 말을 골라 빈칸을 채워 보세요. 그리고 글에 알맞은 제목을 찾아 선으로 이어 보세요.

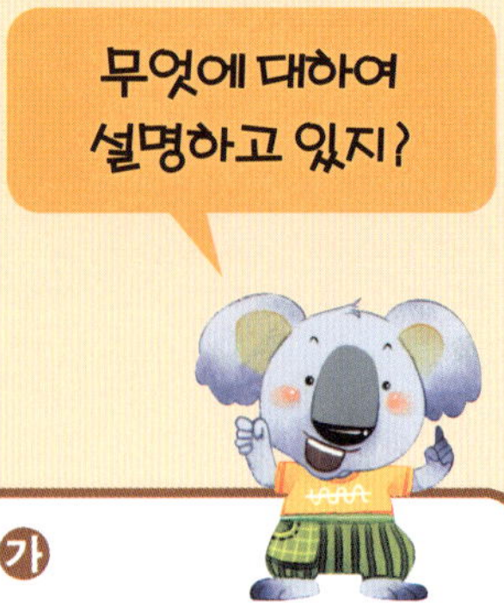

- 꼬리를 이쪽저쪽으로 움직인다. — 고양이
- 긴 꼬리가 엉덩이 쪽을 눌러준다. — 나
→ 어떻게 균형을 잡지?

- 바꾸고 싶은 방향의 꼬리 날개를 내린다. — 다
→ 어떻게 방향을 바꾸지?

가 (무엇에 대하여 설명하고 있지?)

- 한가하면 꼬리 끝만 살랑거린다.
- 라 / 꼬리를 곤두세운다.
→ 고양이

- 기분이 좋으면 꼬리를 흔든다.
- 겁이 나면 꼬리를 다리 사이로 감춘다.
→ 개

→ 어떻게 감정을 나타내지?

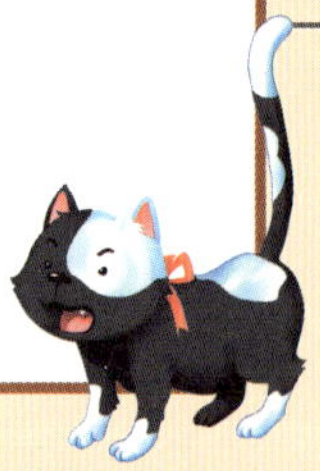

- ❶ 꼬리의 모양과 색깔
- ❷ 꼬리의 쓰임새
- ❸ 목이 긴 공룡
- ❹ 외줄 타는 사람
- ❺ 새
- ❻ 기분이 좋으면
- ❼ 화가 나면
- ❽ 독

어떻게 적을 물리치지? — 전갈 — 꼬리에서 [마] 을 내뿜는다.

덩치가 큰 동물들이 왜 작은 전갈을 무서워하는지 떠올려 봐.

이 글의 제목은?

- 동물마다 다른 꼬리의 모양 → 제목으로 딱이야!
- 감정을 나타내는 꼬리 → 글과 전혀 상관없어!
- 꼬리는 왜 있을까? → 제목으로는 부족해!

글에 어울리는 제목을 골라 연결해 봐!

1 다음은 동물의 꼬리가 어떻게 쓰이는지 정리한 것입니다. 잘못 정리한 것을 찾아 ∨표 해 보세요.

꼬리의 쓰임새	
① 균형을 잡는 역할을 한다.	☐
② 방향을 바꾸는 역할을 한다.	☐
③ 감정을 숨기는 역할을 한다.	☐
④ 적을 공격하는 역할을 한다.	☐

고양이와 공룡, 새, 개, 전갈이 언제 꼬리를 사용했는지 떠올려 보렴.

2 다음은 앞의 글을 읽은 친구들의 대화입니다. 가장 바르지 못한 의견을 내고 있는 친구는 누구인가요?

① 새가 날다가 왼쪽으로 방향을 바꾸려면 꼬리 날개를 왼쪽으로 내리면 되겠구나.

② 고양이가 꼬리를 곤두세우면 화가 난 것이니 조심해야지.

③ 만약 목이 긴 공룡이 꼬리가 없다면 균형을 잡지 못해서 앞으로 쓰러질 거야.

④ 동물의 꼬리는 모두 쓰임새가 같기 때문에 다른 동물의 꼬리를 붙여도 괜찮아.

23 꼼꼼히 집중하여 읽기

글의 갈래 | 기행문
걸린 시간 | 분   초

 오늘 읽어 볼 글입니다. 차근차근 잘 읽고, 문제를 풀어 보세요.

　지난 주말에 우리 가족은 진주에서 남원으로 출발하였다. 창밖으로 알록달록한 단풍과 노란 은행잎이 손짓을 하며 지나갔다.
　남원에 도착하여 광한루에 갔다. 해마다 광한루에서는 '춘향제'를 열어 춘향과 몽룡의 사랑을 기린다는 안내문이 보였다. 언니가 그네를 타며 춘향이를 닮지 않았냐고 하여 우리 모두 깔깔거리며 웃었다. 아름다운 연못과 정자를 구경하다 보니 배 속에서 꼬르륵 소리가 났다. 우리는 식당 골목으로 가서 남원의 먹을거리로 유명한 추어탕을 먹고 나주로 향했다. 때마침 나주에서는 배 축제가 열리고 있었다. 우리도 사람들 틈에 섞여 배 껍질 길게 깎기 대회, 배의 단맛 알아맞히기 대회 등을 구경했다. 그리고 시식❶ 코너에 가서 맛있는 배도 실컷 먹었다. 나주에서 하룻밤 자고 이튿날 목포로 향했다. 목포의 시내가 한눈에 보인다는 유달산에 다녀온 후, 수산 시장에 들러 세발낙지를 먹었다. 나는 발이 세 개라 세발낙지인 줄 알았는데 발이 길고 가는 어린 낙지라는 뜻이란다.
　이번 여행은 많은 것을 보고, 먹을거리도 많았던 즐거운 여행이었다.

❶ **시식** : 음식의 맛이나 요리 솜씨를 보려고 시험 삼아 먹어 봄

다음은 앞에서 읽은 글의 내용을 한눈에 볼 수 있도록 정리한 글밥지도입니다. 보기에서 알맞은 말을 골라 빈칸을 채워 보세요. 그리고 글에 알맞은 제목을 찾아 선으로 이어 보세요.

무엇을 하고 쓴 글이지?

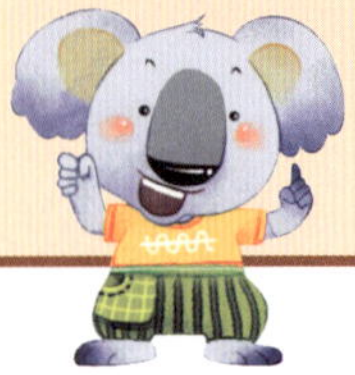

나
언제
가족
누구와

언제, 누구와 갔지?

'춘향제'에 대한 안내문을 보았다.
다
연못과 정자를 구경하였다.
추어탕을 먹음.
식당 골목

남원에서 본 것, 한 것은?

가

이 글의 제목은?

글에 어울리는 제목을 골라 연결해 봐!

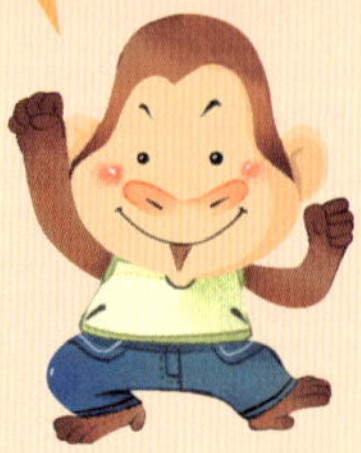

각 지역의 유명한 식당
즐거운 가족 여행
먹을거리가 풍부한 여행

제목으로 딱이야!
글과 전혀 상관없어!
제목으로는 부족해!

보기	① 여행	② 단풍 구경	③ 지난 주말
	④ 광한루	⑤ 시식 코너	⑥ 배 축제
	⑦ 유달산	⑧ 목포 시내	

- 나주에서 본 것, 한 것은?
  - 라:
    - 배 껍질 길게 깎기 대회를 구경하였다.
    - 배의 단맛 알아맞히기 대회를 구경하였다.
    - 배를 실컷 먹었다.

- 목포에서 본 것, 한 것은?
  - 마:
    - 목포 시내를 구경하였다.
  - 수산 시장
    - 세발낙지를 먹었다.

글쓴이가 본 것과 한 것을 떠올려 봐.

1 글쓴이는 지난 주말에 가족과 함께 여행을 갔습니다. 다음은 글쓴이가 각각 어디에서 본 것인지 보기에서 알맞은 말을 골라 답해 보세요.

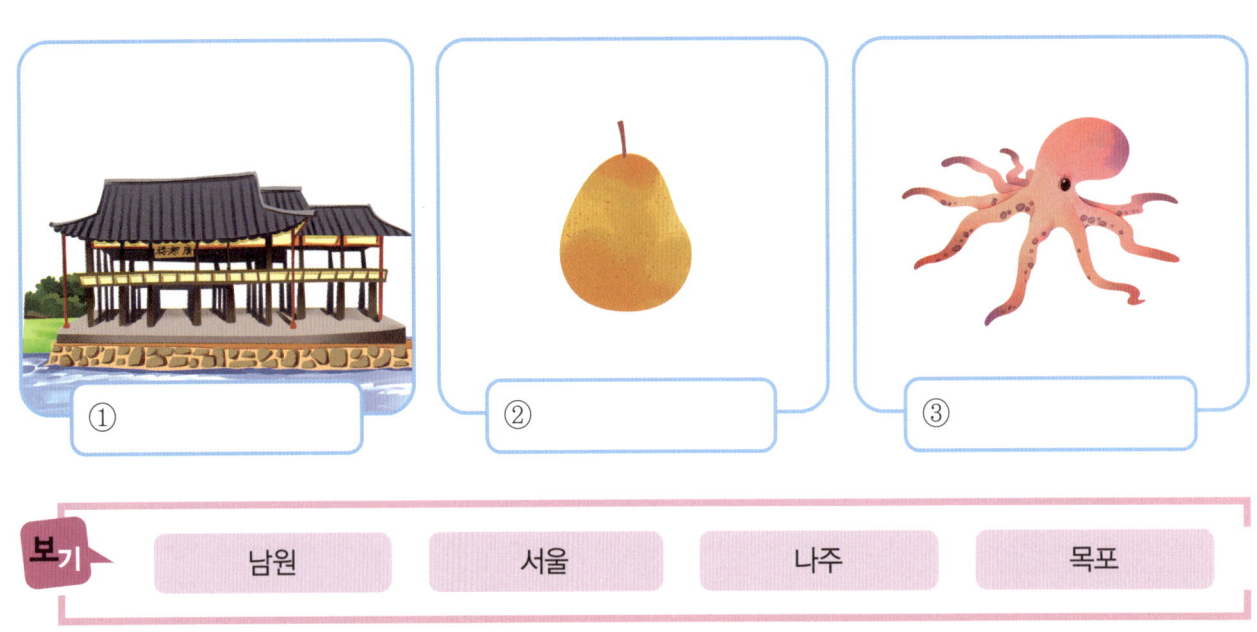

① ② ③

보기: 남원 서울 나주 목포

2 다음은 앞의 글을 읽은 친구들의 대화입니다. 가장 바르지 못한 의견을 내고 있는 친구는 누구인가요?

① 글쓴이는 광한루에서는 그네도 타고, 해마다 열리는 '춘향제'도 보고 왔구나.

② 남원의 먹을거리인 추어탕을 먹었다고 한 걸 보니, 남원은 추어탕으로 유명하구나.

③ 글쓴이는 진주에서 출발하여, 남원, 나주, 목포의 순서대로 여행을 했어.

④ 여행을 하면 각 지방의 먹을거리나 축제 같은 그 지방의 특색을 알 수 있어.

24 꼼꼼히 집중하여 읽기

글의 갈래	견학 기록문
걸린 시간	분 초

 오늘 읽어 볼 글입니다. 차근차근 잘 읽고, 문제를 풀어 보세요.

　옛 이야기를 읽다가 옛날 사람들은 어떻게 생활했을까 하는 궁금증이 생겼다. 그래서 지난 주말, 부모님과 국립 어린이 박물관에 다녀왔다.
　'심청이의 집'에서는 옛날 사람들의 집과 여러 가지 생활 도구들을 볼 수 있었다. 심청이의 집은 마루, 안방, 부엌으로 이루어져 있었다. 방문에는 한지를 바르고, 지붕에는 기와를 얹어서 벽돌이나 콘크리트를 사용하는 지금의 집과는 많이 달랐다. 나는 집 안에 들어가 직접 물레도 돌려 보고, 다듬이질도 해 보았다. 또 태어나서 처음 보는 절구도 찧어 보고, 맷돌도 돌려 보았다. 지금은 기계가 다 해 주는 일을 옛날 사람들은 손으로 다 했다니 얼마나 힘들었을까?
　'왕비가 된 심청'에서는 왕과 왕비의 옷을 입고, 옛날 왕이 앉았던 옥좌❶에 앉아 볼 수 있었다. 빨간색 왕의 옷은 요즈음 대통령이 입는 옷보다 더 화려하고 멋져 보였다. 왕의 옷을 입고 옥좌에 앉으니 마치 내가 왕이 된 것처럼 어깨가 으쓱해졌다.
　책이나 텔레비전에서만 보던 옛날 사람들의 생활을 직접 체험해 보니 지금의 우리가 얼마나 편하게 살고 있는지 알 것 같았다.

❶ 옥좌 : 임금이 앉는 자리

글밥지도 그리기

다음은 앞에서 읽은 글의 내용을 한눈에 볼 수 있도록 정리한 글밥지도입니다. 보기에서 알맞은 말을 골라 빈칸을 채워 보세요. 그리고 글에 알맞은 제목을 찾아 선으로 이어 보세요.

어디를 견학했지?

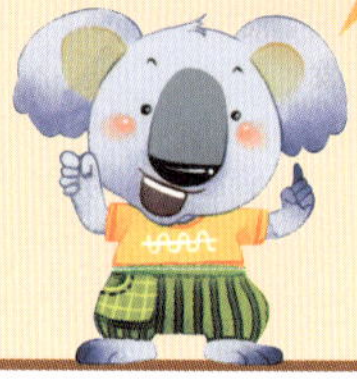

㉮

- 언제, 누구와 왜 갔지?
  - 언제 — 지난 주말
  - 누구와 — ㉯
  - 왜 — 옛날 사람들의 생활 모습이 궁금해서
- '심청이의 집'에서 본 것은?
  - 옛날 집
    - 한지를 바른 방문
    - 기와를 얹은 지붕
  - 옛날 도구
    - 물레
    - ㉰
    - 절구
    - 맷돌

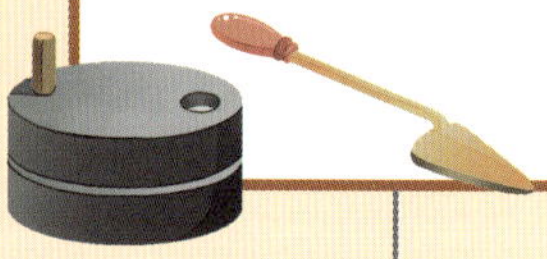

보기
① 국립 어린이 박물관　② 심청이네 집　③ 부모님
④ 옛날 부엌　⑤ 다듬이　⑥ 왕비
⑦ 왕　⑧ 옥좌

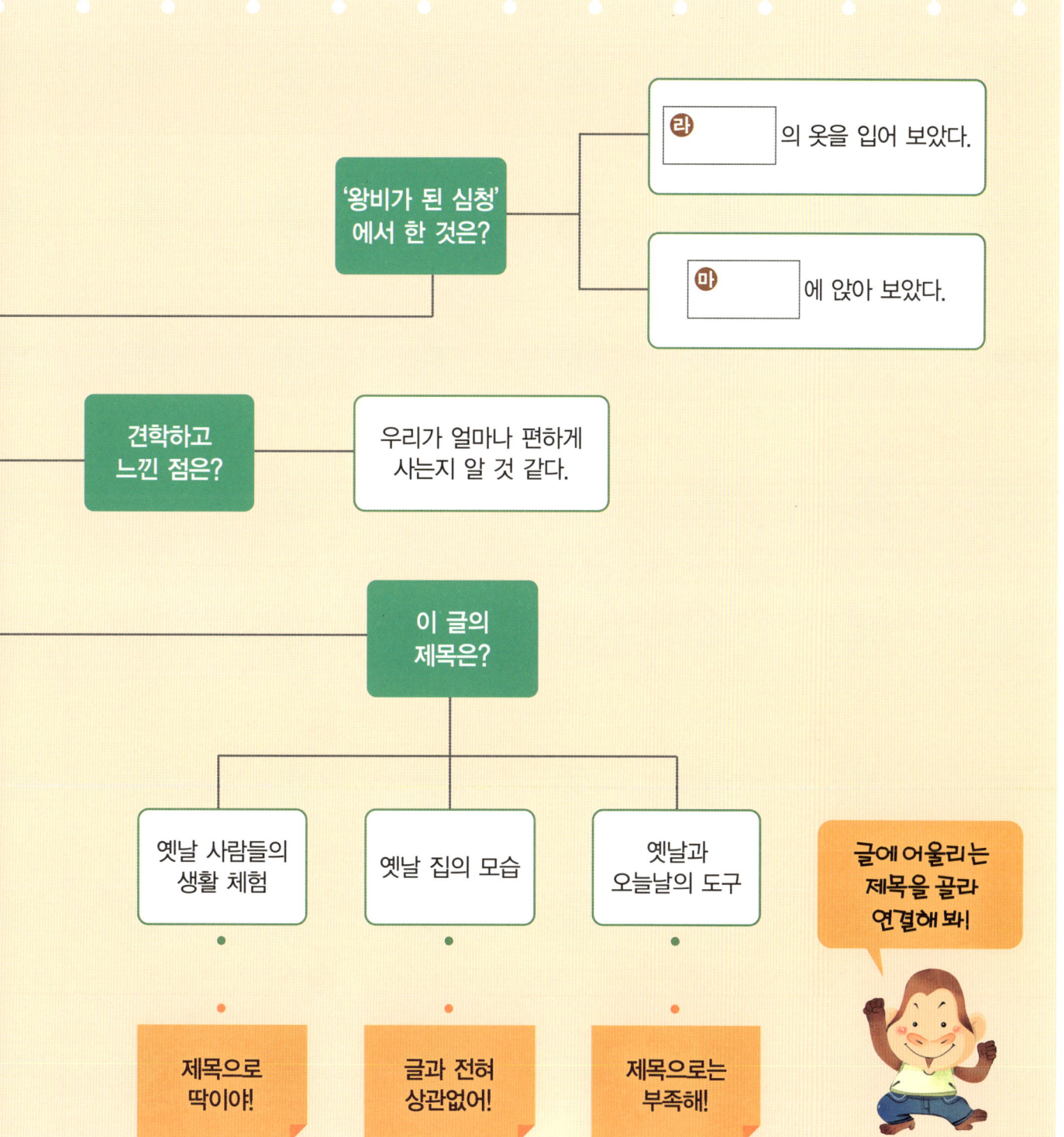

1 다음은 글쓴이가 국립 어린이 박물관을 견학한 내용을 정리한 것입니다. 다음 중 잘못 정리한 것에 ∨표 해 보세요.

견학 장소	국립 어린이 박물관
견학 목적	① 옛날 사람들의 생활·모습이 궁금해서 ☐
견학한 순서	② 왕비가 된 심청 → 심청이네 집 ☐
본 것	③ 옛날 사람들의 집과 도구 ☐
	④ 옛날 왕과 왕비의 옷, 옥좌 ☐
느낀 점	우리는 옛날 사람들에 비해 편하게 살고 있다.

2 다음은 앞의 글을 읽은 친구들의 대화입니다. 가장 바르지 못한 의견을 내고 있는 친구는 누구인가요?

① 국립 어린이 박물관에서는 어린이들이 직접 옛날 도구도 만져 보고, 왕과 왕비의 옷도 입어 볼 수 있구나.

② 옛날 왕의 옷은 빨간색이었구나. 세월이 흐르면서 사람들의 옷도 변하는 것 같아.

③ 견학을 하기 전에 무엇을 중심으로 볼 것인지 잘 생각해 두면 견학을 할 수 있어.

④ 옛날 사람들의 집과 도구는 모두 사라지고 없어. 지금은 쓸모없기 때문이지.

25 꼼꼼히 집중하여 읽기

글의 갈래 | 기사문
걸린 시간 | 분 초

오늘 읽어 볼 글입니다. 차근차근 잘 읽고, 문제를 풀어 보세요.

지난 토요일, 달빛초등학교에서 교내 어린이들을 대상으로 '상추 씨앗 심기 행사'를 하였다. 이번 행사는 어린이들이 스스로 상추를 키우면서 책임감을 기르고, 농작물을 거두는 기쁨을 느끼도록 하기 위해 마련됐다.

어린이들은 선생님들의 설명을 들으며 화분에 망을 깔고, 흙을 채워 넣었다. 그런 다음, 손가락으로 흙에 작은 구멍을 내어 하얗고 작은 상추 씨앗을 심었다. 그리고 그 위에 흙을 살짝 덮고, 물을 뿌려 주었다.

상추 씨앗을 심는 어린이들의 표정은 무척 진지했고, 선생님의 설명을 하나도 놓치지 않으려는 듯 귀를 쫑긋 세우고 있었다. 선생님께서 4~7일 후에 상추 싹이 나올 거라고 말씀하시자 모두 환호성을 질렀다.

이번 행사에 참여한 어린이들은 "작은 씨앗이 커다란 상추로 자란다는 게 신기해요. 빨리 싹이 나와 무럭무럭 자랐으면 좋겠어요."라고 입을 모았다. 선생님도 "아이들의 활기찬 모습이 보기 좋았어요. 앞으로 이런 행사를 자주 했으면 좋겠어요."라고 말했다.

❶ 농작물 : 논밭에 심어 가꾸는 곡식이나 채소
❷ 환호성 : 기뻐서 크게 부르짖는 소리

 **글밥지도 그리기**

다음은 앞에서 읽은 글의 내용을 한눈에 볼 수 있도록 정리한 글밥지도입니다. 보기에서 알맞은 말을 골라 빈칸을 채워 보세요. 그리고 글에 알맞은 제목을 찾아 선으로 이어 보세요.

어떤 행사가 열렸지?

상추를 키우면서 책임감을 기르기 위해 — 왜 했지? — 가

나 □ 을 거두는 기쁨을 느끼게 하려고

다 □ — 누가

지난 토요일 — 언제 — 누가, 언제, 어디서 했지?

달빛초등학교 — 어디서

114

보기
① 상추 키우기 행사　② 상추 씨앗 심기 행사　③ 달빛초등학교 어린이
④ 농작물　⑤ 씨앗　⑥ 흙
⑦ 물　⑧ 비료

상추 씨앗을 심는 순서를 차례 차례 떠올려 봐!

씨앗을 심는 순서는?
- 화분에 망 깔기
- 화분에 라 채워 넣기
- 흙에 작은 구멍 내기
- 구멍에 상추 씨앗 심기
- 흙을 덮고 마 뿌리기

이 글의 제목은?
- 상추가 자라는 과정 — 제목으로 딱이야!
- 상추 씨앗 심기 행사 — 글과 전혀 상관없어!
- 상추 씨앗 심는 방법 — 제목으로는 부족해!

글에 어울리는 제목을 골라 연결해 봐!

115

1 상추 씨앗 심기 행사에 참여하려면 여러 가지 준비물이 필요합니다. 앞의 글을 잘 읽고, 필요한 준비물에 모두 ○표 해 보세요.

2 다음은 앞의 글을 읽은 친구들의 대화입니다. 가장 바르지 <u>못한</u> 의견을 내고 있는 친구는 누구인가요?

① 아이들은 상추가 무럭무럭 자라는 모습이 신기하다고 했어.

② 상추 씨앗을 심은 후, 4~7일이 지나면 상추 싹이 나온대.

③ 아이들은 선생님의 설명을 놓치지 않으려고 귀를 쫑긋 세울 정도로 집중하고 있어.

④ 상추 씨앗은 작고 하얀색이라는 걸 처음 알았어.

26 꼼꼼히 집중하여 읽기

| 글의 갈래 | 소개하는 글 |
| 걸린 시간 | 분 초 |

 오늘 읽어 볼 글입니다. 차근차근 잘 읽고 문제를 풀어 보세요.

　친구들, 안녕? 나는 계절마다 다른 모습으로 변하는 나무야. 아직도 나에 대하여 모르는 친구들이 많은 것 같아서 나를 소개하려고 해.

　날씨가 따뜻해지는 봄이 오면 앙상하던❶ 내 몸에서 연두색 잎이 돋고 꽃이 핀단다. 점점 얇은 옷을 입는 사람들과 달리 나는 봄이 되면 점점 두꺼운 나뭇잎 옷을 입기 시작하지. 여름이 되면 나뭇잎은 점점 더 짙은 초록색으로 변해. 난 여름이 좋아. 왜냐하면, 사람들이 뜨거운 햇볕을 피해 내 그늘 밑으로 찾아오기 때문이야. 날이 선선해지는 가을이 되면 나뭇잎을 알록달록하게 물들인단다. 사람들은 알록달록한 내 모습을 보고 감탄하지만 나는 잎을 떨어뜨릴 준비를 해야 해. 겨울이 오기 전에 잎을 떨어뜨리지 않으면 추운 겨울에 얼어버릴 수도 있기 때문이야. 그래서 겨울에는 잎이 다 떨어진 앙상한 나뭇가지와 겨울눈만 남지. 겨울눈에는 내년에 필 잎과 꽃이 들어 있단다. 그러니까 내가 죽은 건 아닌지 걱정하지 않아도 돼.

　친구들아, 사계절 내내 나를 사랑해 주고 나를 보러 많이 와 줘.

❶ **앙상하던** : 나뭇잎이 지고 가지만 남아서 어수선하고 쓸쓸하던

다음은 앞에서 읽은 글의 내용을 한눈에 볼 수 있도록 정리한 글밥지도입니다. 보기 에서 알맞은 말을 골라 빈칸을 채워 보세요. 그리고 글에 알맞은 제목을 찾아 선으로 이어 보세요.

- 연두색 잎이 돋는다.
- 나 [ ]

봄이 되면?

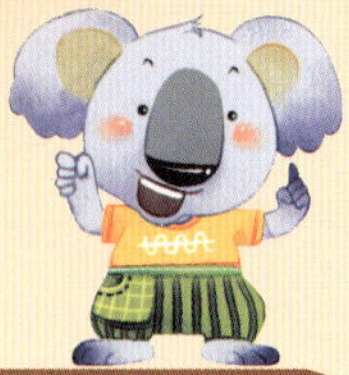

- 나뭇잎이 점점 더 짙은 다 [ ] 으로 변한다.
- 많은 사람들이 그늘 밑으로 찾아온다.

여름이 되면?

무엇을 소개하고 있지?

가 [ ]

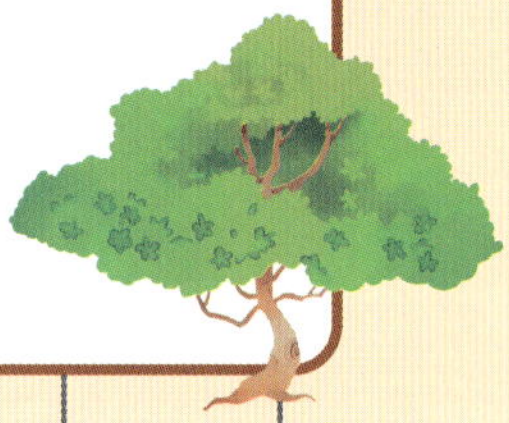

- 나뭇잎이 물든다.
- 사람들이 알록달록한 내 모습에 감탄한다.
- 라 [ ]

가을이 되면?

나무가 사계절 동안 어떻게 바뀌는지 떠올려 봐.

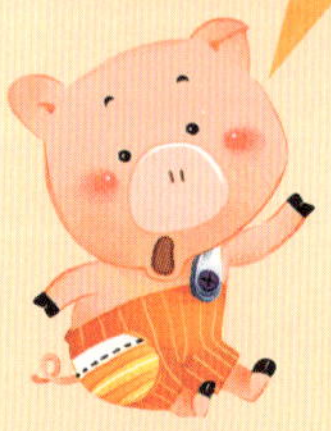

① 나무　　② 꽃이 핀다.　　③ 가지가 앙상해진다.
④ 연두색　⑤ 초록색　　　⑥ 더 많은 잎이 돋는다.
⑦ 겨울눈　⑧ 잎을 떨어뜨릴 준비를 한다.

겨울이 되면?
- 잎이 다 떨어진다.
- 가지가 앙상해진다.
- 꽃과 잎이 들어 있는 마 이 생긴다.

이 글의 제목은?
- 꽃과 잎을 간직한 겨울눈 → 제목으로 딱이야!
- 나무의 사계절 → 글과 전혀 상관없어!
- 사람들의 사계절 모습 → 제목으로는 부족해!

글에 어울리는 제목을 골라 연결해 봐!

1 나무는 계절마다 다른 모습으로 변합니다. 나무의 모습을 보고, 봄, 여름, 가을, 겨울 중 어느 계절의 모습인지 써 보세요.

2 다음은 앞의 글을 읽은 친구들의 대화입니다. 가장 바르지 못한 의견을 내고 있는 친구는 누구인가요?

① 겨울이 되면 나무는 나뭇잎을 벗고 앙상한 가지만 남겨 두는구나.

② 나무는 계절을 알려 주는 시계 같아. 나무를 보면 계절을 알 수 있잖아.

③ 겨울 내내 죽은 것처럼 보이던 나무에서 잎이 돋고 꽃이 피는 걸 보면 정말 신기해.

④ 나무는 여름이 싫다고 했어. 많은 사람들이 그늘로 찾아와 귀찮게 하기 때문이야.

27 꼼꼼히 집중하여 읽기

글의 갈래 | 일기
걸린 시간 | 　분　　초

 오늘 읽어 볼 글입니다. 차근차근 잘 읽고, 문제를 풀어 보세요.

20○○년 ○○월 ○○일　　　　날씨 : 상쾌한 바람이 얼굴을 어루만짐

　아침 일찍 부모님과 등산을 갔다. 이른 아침인데도 벌써 많은 사람들이 산을 오르고 있었다. 산을 오르는 게 힘들어 몇 번이고 포기하고 싶었지만 꾹 참고 겨우겨우 산 정상에 오를 수 있었다. 나는 해 냈다는 기쁨에 들떠 있는 힘껏 "야호!" 하고 외쳤다. 아빠는 깜짝 놀라며 나를 말리셨다.
　"현정아, 얼마 전 뉴스를 보니까 새들이 메아리 때문에 스트레스❶를 받는다고 하더구나. 스트레스를 받은 새들은 짝짓기를 멈추기도 하고, 심한 경우에는 알을 깨 버리기도 한대."
　아빠의 말씀에 땀을 닦으시던 엄마도 빙그레 웃으며 말씀하셨다.
　"맞아, 새는 사람보다 귀가 훨씬 발달했대. 그래서 사람들의 소리가 청진기를 대고 듣는 것처럼 크게 들린대."
　주변을 둘러보니 정말 "야호!"를 외치는 사람들이 없었다. 이 산에 있는 모든 사람들이 새를 사랑하는 사람처럼 느껴졌다. 마음속으로 새에게 미안하다고 말하며 산을 내려왔다.

❶ 스트레스 : 적응하기 어려운 상황에서는 느끼는 긴장 상태

다음은 앞에서 읽은 글의 내용을 한눈에 볼 수 있도록 정리한 글밥지도입니다. 보기에서 알맞은 말을 골라 빈칸을 채워 보세요. 그리고 글에 알맞은 제목을 찾아 선으로 이어 보세요.

- 아침 일찍 → 언제
- 나 → 어디서
- 언제, 어디서 일어났지?

새들은 무엇 때문에 스트레스를 받지?

- 다 → 누가
- 새들이 스트레스를 받아서 → 왜
- 누가, 왜 현정이를 말렸지?

가

- 짝짓기를 멈춘다.
- 라 을 깨 버리기도 한다.
- 새들이 스트레스를 받으면?

새들이 스트레스를 받으면 어떤 행동을 하는지 떠올려 봐.

122

보기
① 등산　　② 메아리　　③ 산 아래
④ 산 정상　⑤ 아빠　　⑥ 엄마
⑦ 알　　　⑧ 귀

새의 특징은?
- 마 [　　] 가 매우 발달했다.
- 사람 소리가 청진기로 듣는 것처럼 크게 들린다.

이 글의 제목은?
- 청진기 소리의 크기 → 제목으로는 부족해!
- 귀가 발달한 새 → 제목으로 딱이야!
- "야호"는 안 돼요 → 글과 전혀 상관없어!

글에 어울리는 제목을 골라 연결해 봐!

1 메아리 때문에 스트레스를 받는 새들을 위해 포스터를 만들려고 합니다. 보기에서 빈칸에 들어갈 알맞은 표어를 골라 직접 써 보세요.

보기
- 새도 메아리를 좋아해요
- 새도 조용히 쉬고 싶어요
- 청진기로 들어 보세요

앞의 글의 내용과 그림 속 새의 표정을 보고 알맞은 표어를 골라 보렴.

2 다음은 앞의 글을 읽은 친구들의 대화입니다. 가장 바르지 <u>못한</u> 의견을 내고 있는 친구는 누구인가요?

① 현정이는 포기하지 않고 끝까지 산을 올랐다는 기쁨에 "야호"를 외쳤어.

② 현정이 주변에도 현정이처럼 "야호"를 외치는 사람들이 무척 많았어.

③ 현정이는 아빠, 엄마의 말씀을 듣고 새들에게 무척 미안한 마음이 들었어.

④ 이른 아침마다 큰 소리를 듣는다면 나는 잠도 못자고 짜증이 날 것 같아.

28 꼼꼼히 집중하여 읽기

| 글의 갈래 | 이야기 글 |
| 걸린 시간 | 분   초 |

 오늘 읽어 볼 글입니다. 차근차근 잘 읽고 문제를 풀어 보세요.

　옛날 거문고의 천재 오르페우스에게는 에우리디케라는 아름다운 아내가 있었어요. 하지만 아내는 뱀에 물려 죽고 말았어요. 아내를 잃은 슬픔을 견디지 못한 오르페우스는 땅속 깊은 곳에 살고 있는 죽음의 나라의 왕인 하데스를 찾아갔어요.

　"하데스 왕이시여. 저의 거문고 연주를 듣고 제발 아내를 돌려주십시오."
　아름다운 거문고 소리에 감동을 받은 하데스는 오르페우스에게 말했어요.
　"너의 아내를 데려가라. 그러나 한 가지 기억해야 할 것이 있다. 땅 위에 도착할 때까지 절대로 아내의 얼굴을 보면 안 된다."
　땅 위에 도착할 무렵, 오르페우스는 아내가 잘 따라오는지 걱정되어 뒤를 돌아보고 말았어요. 그 순간, 아내는 어둠 속으로 사라져버렸어요. 아내를 잃은 오르페우스는 다시는 거문고를 연주하지 않고 슬퍼하다가 죽고 말았어요. 그런데 그가 죽은 다음에도 그의 거문고에서는 슬프고 아름다운 음악이 계속 흘러나왔어요. 오르페우스의 슬픈 사랑 이야기를 들은 신들의 왕 제우스는 그의 거문고를 하늘에 올려 별자리로 만들어 주었는데 그 별자리가 바로 거문고자리랍니다.

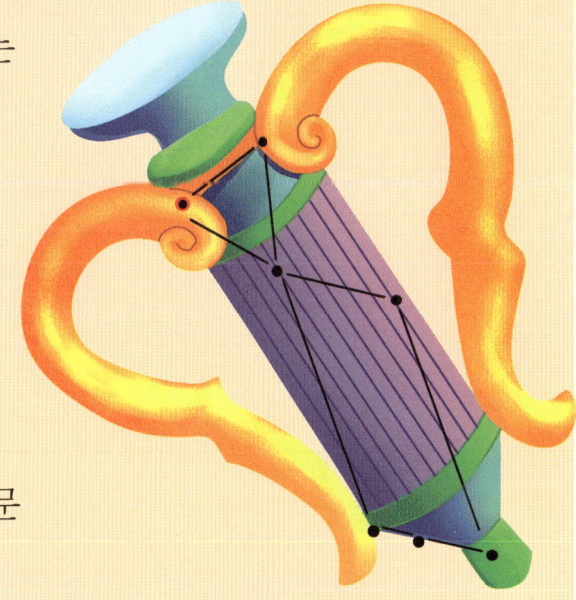

 글밥지도 그리기

다음은 앞에서 읽은 글의 내용을 한눈에 볼 수 있도록 정리한 글밥지도입니다. 보기에서 알맞은 말을 골라 빈칸을 채워 보세요. 그리고 글에 알맞은 제목을 찾아 선으로 이어 보세요.

- 거문고의 천재 — 오르페우스
- 오르페우스의 ㉡ — 에우리디케
- 죽음의 나라의 왕 — ㉢
- 신들의 왕 — 제우스

등장인물은? → ㉠

어떤 별자리에 대한 이야기지?

이 글의 제목은?

- 슬픈 사랑이 담긴 거문고자리 — 제목으로 딱이야!
- 거문고의 천재 오르페우스 — 글과 전혀 상관없어!
- 죽음의 나라의 모습 — 제목으로는 부족해!

글에 어울리는 제목을 골라 연결해 봐!

보기
① 거문고자리　② 동생　③ 아내
④ 하데스　⑤ 뱀　⑥ 거문고
⑦ 땅 위　⑧ 땅 속

오르페우스가 한 일은?

- 아내가 [라]　에 물려 죽자 슬픔을 견디지 못했다.
- 하데스에게 찾아가 아내를 돌려 달라며 거문고를 연주했다.
- [마]　에 도착할 때까지 아내의 얼굴을 보지 않기로 약속했다.
- 아내가 잘 따라오는지 걱정되어 뒤를 돌아보다 아내를 잃었다.
- 다시는 거문고를 연주하지 않고 슬퍼하다가 죽었다.

오르페우스가 한 일을 순서대로 떠올려 봐.

1 별자리 이름은 여러 개의 별을 연결한 모양을 보고 만든 경우가 많습니다. 친구들이 제우스라면 어떤 별자리를 만들고 싶나요? 별자리 모양을 그리고 이름도 지어 보세요.

나는 별 세 개를 삼각형 모양으로 연결하여 치즈자리를 만들었어!

★ 별자리 이름 :

2 다음은 앞의 글을 읽은 친구들의 대화입니다. 가장 바르지 <u>못한</u> 의견을 내고 있는 친구는 누구인가요?

① 오르페우스는 아내를 무척 사랑했나 봐. 아내를 찾으러 땅속 깊은 곳까지 갔잖아.

② 오르페우스가 좀 더 참았다면 아내와 땅 위로 나올 수 있었을 텐데 너무 안타까워.

③ 오르페우스는 뒤를 돌아본 자신의 실수 때문에 아내를 잃었다고 생각하고 슬픔을 견디지 못한 것 같아.

④ 오르페우스의 거문고 소리에 감동을 받은 하데스가 거문고자리를 만들어 주었어.

꼼꼼히 집중하여 읽기

글의 갈래 | 전래 동요
걸린 시간 | 분   초

 오늘 읽어 볼 글입니다. 차근차근 잘 읽고, 문제를 풀어 보세요.

멍멍개야 짖지마라
꼬꼬닭아 울지마라
자장자장 우리 아기
자장자장 잘도 잔다.
엄마 품에 폭 안겨서
칭얼칭얼 잠 노래를
그쳤다가 또 하면서
쌔근쌔근 잘도 잔다.

다음은 앞에서 읽은 글의 내용을 한눈에 볼 수 있도록 정리한 글밥지도입니다. 보기에서 알맞은 말을 골라 빈칸을 채워 보세요. 그리고 글에 알맞은 제목을 찾아 선으로 이어 보세요.

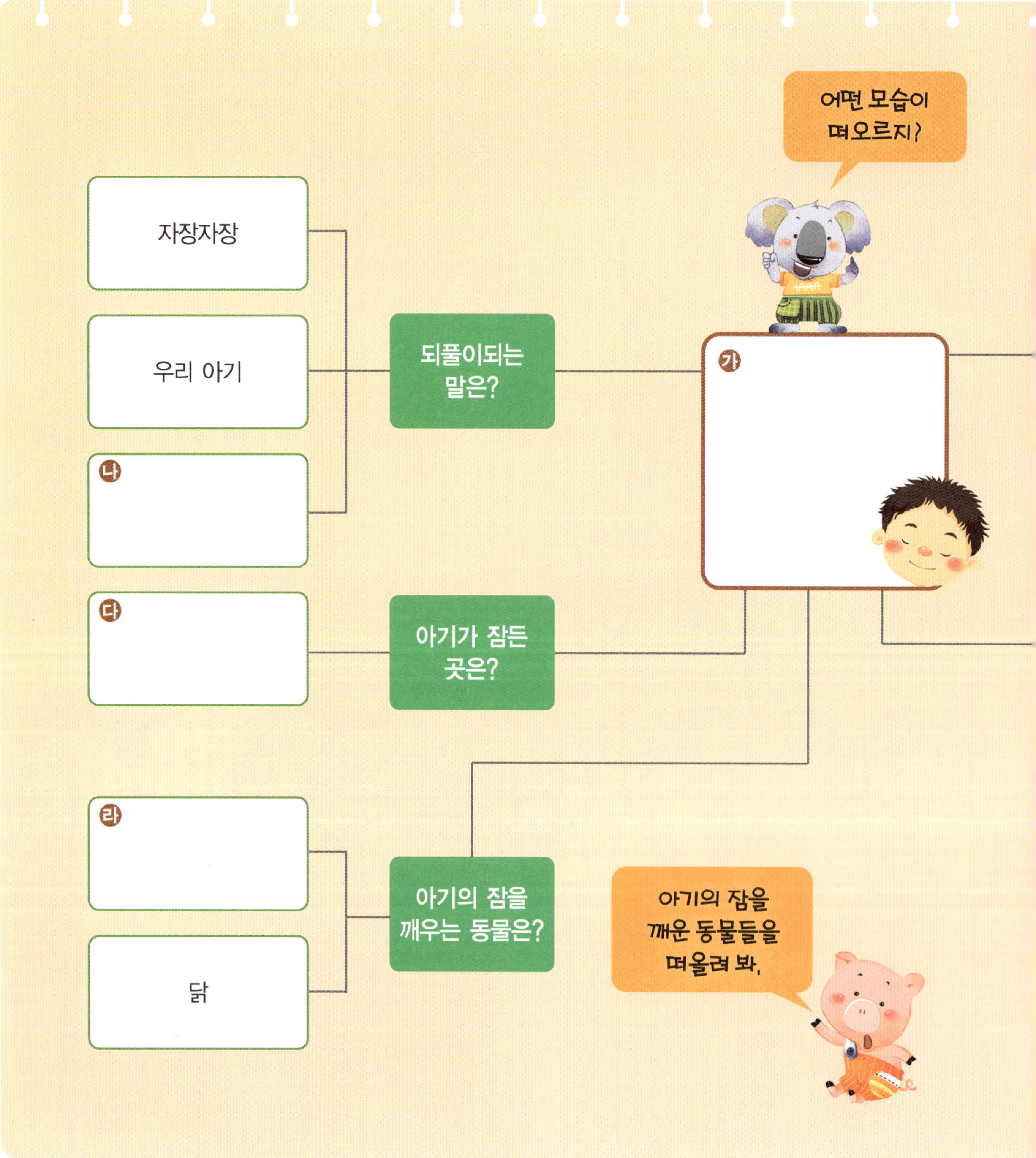

- 자장자장
- 우리 아기
- 나.
- 다.
- 되풀이되는 말은?
- 아기가 잠든 곳은?
- 라.
- 닭
- 아기의 잠을 깨우는 동물은?

어떤 모습이 떠오르지?

가.

아기의 잠을 깨운 동물들을 떠올려 봐.

보기	❶ 아기를 재우는 모습	❷ 아기가 우는 모습	❸ 잘도 잔다.
	❹ 고양이	❺ 개	❻ 자장자장
	❼ 엄마 품	❽ 칭얼칭얼	

아기는 어떻게 자고 있지?
- 잠노래 소리 → 마
- 잠자는 모습 → 쌔근쌔근

이 글의 제목은?
- 동물들의 울음 소리 — 제목으로 딱이야!
- 자장자장 우리 아기 — 글과 전혀 상관없어!
- 잘도 잔다 — 제목으로는 부족해!

글에 어울리는 제목을 골라 연결해 봐!

1 앞의 글은 엄마가 아기를 재울 때 부르던 전래 동요입니다. 내가 아기를 재운다고 생각하고, 보기 에서 알맞은 말을 골라 새로운 자장가의 앞부분을 지어 보세요.

자장자장 우리 아기

자장자장 잘도 잔다.

고양이야 울지 마라,
자명종아 울리지 마라

보기

| 휴대 전화야 | 고양이야 | 울리지 마라 | 자명종아 |
| 울지 마라 | 텔레비전아 | 조용히 해라 | 켜지지 마라 |

2 다음은 앞의 글을 읽은 친구들의 대화입니다. 가장 바르지 못한 의견을 내고 있는 친구는 누구인가요?

① 아기가 엄마 품에 안겨 잠이 든 모습을 생각하니 포근한 느낌이 들어.

② 아기를 아끼고 사랑하는 엄마의 마음이 느껴지는 노래야.

③ 잠든 아기가 깰까 봐 조심하는 엄마의 모습이 느껴져.

④ 잠을 자지 않고 눈을 말똥말똥하게 뜨고 있는 아기의 얼굴이 떠올라.

30 꼼꼼히 집중하여 읽기

| 글의 갈래 | 설명하는 글 |
| 걸린 시간 | 분   초 |

 오늘 읽어 볼 글입니다. 차근차근 잘 읽고, 문제를 풀어 보세요.

　매서운 바람과 혹독한① 추위가 계속되는 겨울이 오면 동물들은 어떻게 살아갈까요? 먹을 것도 사라지고 없는데 말이에요.
　멧돼지는 추위에도 아랑곳하지 않고 돌아다녀요. 눈밭을 뒤져서 나무뿌리를 캐 먹으면서 겨울을 나지요. 다람쥐와 비슷하게 생긴 청설모는 가을에 땅속에 먹이를 숨겨 두었다가 겨우내 찾아 먹는답니다. 사슴은 마른 잎이나 나무껍질, 이끼 등을 먹으며 돌아다니지요.
　그럼 겨우내 보이지 않는 동물들은 어디로 사라진 걸까요?
　무시무시한 뱀은 바위틈이나 땅속에서 여러 마리가 모여 겨울잠을 자요. 겨우내 아무것도 안 먹고, 한 번도 깨지 않고 잠만 잔답니다. 무당벌레는 나뭇잎 밑에 떼를 지어 겨울잠을 자요. 많을 때에는 수백 마리가 모여서 자기도 해요. 곰은 나무 구멍이나 동굴 속에서 겨울잠을 자요. 깊이 자지 않고, 잠을 자다가 잠시 깨서 먹이를 먹거나 똥을 누고 다시 자는 것을 반복하지요.
　이렇게 동물들은 자기에게 알맞은 방법으로 힘들고 추운 겨울을 잘 이겨 내며 봄을 기다린답니다.

① 혹독한 : 몹시 심한

 **글밥지도 그리기**

다음은 앞에서 읽은 글의 내용을 한눈에 볼 수 있도록 정리한 글밥지도입니다. 보기에서 알맞은 말을 골라 빈칸을 채워 보세요. 그리고 글에 알맞은 제목을 찾아 선으로 이어 보세요.

무엇에 대한 글이지?

| 눈밭을 뒤져 나무뿌리를 캐 먹는다. | — 멧돼지 — | 가 |

| 가을에 땅속에 먹이를 숨겨 둔다. | |
| 겨우내 숨겨 둔 먹이를 찾아 먹는다. | — 나 — | 겨울잠을 안 자는 동물은? |

| 마른 잎, 나무껍질, 이끼 등을 먹는다. | — 다 — |

겨울잠을 자지 않는 동물들을 떠올려 봐.

134

보기
① 동물들이 겨울을 나는 방법　② 다람쥐　③ 청설모
④ 사슴　⑤ 붕어　⑥ 무당벌레
⑦ 동굴　⑧ 땅속

겨울잠을 자는 동물은?
- 뱀 — 바위틈이나 땅속에서 여러 마리가 모여 잔다.
- 라 — 나뭇잎 밑에서 떼를 지어 잔다.
- 곰 — 나무 구멍이나 마 속에서 잔다.

이 글의 제목은?
- 겨울철의 바람과 추위 — 제목으로는 부족해!
- 동물들의 겨울나기 — 제목으로 딱이야!
- 겨울잠 자는 동물들 — 글과 전혀 상관없어!

글에 어울리는 제목을 골라 연결해 봐!

1 다음은 앞의 글을 읽고 겨울잠을 자는 동물들의 특징을 정리한 것입니다. 보기 에서 빈칸에 들어갈 알맞은 말을 골라 답해 보세요.

동물	자는 곳	특징
뱀	• 바위틈 • 땅속	• 여러 마리가 모여서 잔다. • 아무것도 안 먹고 잠만 잔다.
무당벌레	• ①	• 수백 마리가 모여서 잔다.
②	• 나무 구멍 • 동굴 속	• 깊이 자지 않는다. • 자다 깨서 ③ 를 먹거나 똥을 누기도 한다.

보기: 먹이 / 멧돼지 / 나뭇잎 밑 / 곰

2 다음은 앞의 글을 읽은 친구들의 대화입니다. 가장 바르지 <u>못한</u> 의견을 내고 있는 친구는 누구인가요?

① 동물들은 자기만의 방법대로 겨울을 잘 넘기고 있어. 추운 겨울을 잘 견뎌내는 동물들이 대견해.

② 곰은 한번 겨울잠을 자기 시작하면 봄이 올 때까지 한 번도 깨지 않고 잔대.

③ 한겨울에 뱀을 볼 수 없는 건 뱀이 겨울잠을 자기 때문이었구나.

④ 겨울에 나뭇잎 밑을 들추어 보면 겨울잠을 자는 무당벌레를 볼 수도 있겠구나.

공습국어 초등독해

정답과 해설

1·2학년 심화 Ⅲ

주니어 김영사

01회 | 17~20쪽

글밥지도 그리기

- 가 ① 껌
- 나 ③ 집에 가는 길
- 다 ⑥ 횡단보도 앞
- 라 ② 운동화
- 마 ⑧ 창피하다.

● 이 글의 제목은?

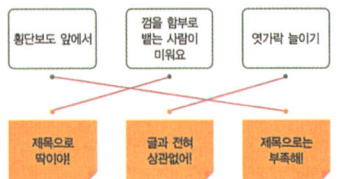

해설
- **횡단보도 앞에서** : 글쓴이는 횡단보도 앞에서 껌을 밟아서 창피를 당했습니다. 그러나 이것은 껌을 밟아서 생긴 일이나 그때 느낀 감정 등을 담지 못하므로 부족한 제목입니다.
- **껌을 함부로 뱉는 사람이 미워요** : 글쓴이는 횡단보도 앞에서 껌을 밟고, 그 껌을 떼어 내려고 폴짝거리다 창피를 당한 후 껌을 뱉은 사람이 밉다고 생각하였습니다. 이것은 글쓴이가 겪은 일과 감정을 잘 나타내므로 알맞은 제목입니다.
- **엿가락 늘이기** : 글쓴이가 운동화에 붙은 껌을 떼어 내려고 하자 껌이 엿가락처럼 길게 늘어났다고 하였습니다. 그러나 엿가락 늘이기에 대한 것은 나타나 있지 않으므로 이것은 글의 내용과 상관없는 제목입니다.

끄덕끄덕 공감하기

1. ① 즐겁다. ② 짜증난다. ③ 창피하다.
2. ③

해설
일기는 다른 사람에게 보여 주는 글이 아니라 자기가 겪은 일과 감정을 솔직하게 쓰는 글입니다. 그러므로 높임말을 쓰지 않아도 됩니다.

02회 | 21~24쪽

글밥지도 그리기

- 가 ① 김연지
- 나 ② 많은 친구를 사귀고 싶어서
- 다 ⑤ 내 편이 되어 주시므로
- 라 ⑥ 비릿한 맛이 나서
- 마 ⑧ 냄새가 나서

● 이 글의 제목은?

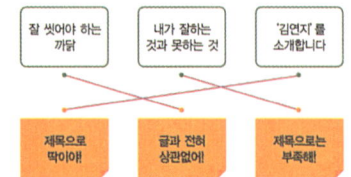

해설
- **잘 씻어야 하는 까닭** : 연지는 잘 안 씻는 사람을 싫어한다고 하였습니다. 그러나 잘 씻어야 하는 까닭에 대해서는 말하지 않았으므로 이것은 글의 내용과 상관없는 제목입니다.
- **내가 잘하는 것과 못하는 것** : 연지는 잘하는 것은 피아노 치는 것이고 못하는 것은 노래라고 하였습니다. 그러나 이것은 연지가 좋아하는 것과 싫어하는 것 등은 담지 못하므로 부족한 제목입니다.
- **'김연지'를 소개합니다** : 연지는 친구들에게 자신이 좋아하는 것과 싫어하는 것, 잘하는 것과 못하는 것 등 자신에 대하여 소개하고 있습니다. 그러므로 이것이 알맞은 제목입니다.

요목조목 따져보기

1. [예시]
- 김진희
- 좋아하는 것 : 노래 부르기
- 싫어하는 것 : 공부하기
- 잘하는 것 : 줄넘기
- 못하는 것 : 달리기

2. ②

해설
자기를 소개하는 글은 다른 사람에게 자신을 소개하여, 자신에 대한 좋은 인상을 주기 위한 글입니다. 자신의 좋은 점을 많이 소개하는 것은 좋지만 사실과 다르게 꾸며 쓰는 것은 좋지 않습니다.

03회 | 25~28쪽

글밥지도 그리기

- 가 ① 헬렌켈러
- 나 ② 수업 시간
- 다 ⑥ 대학
- 라 ⑧ 꾀병 부리기
- 마 ⑤ 참고 이겨 내야겠다.

● 이 글의 제목은?

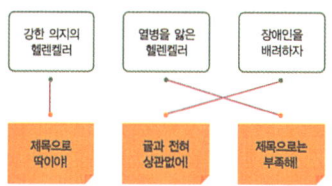

해설

- **강한 의지의 헬렌켈러** : 헬렌켈러는 눈이 안 보이고 귀가 안 들리는 장애를 극복하고 장애인들을 위해 많은 업적을 남긴 사람입니다. 이 제목은 헬렌켈러의 성격과 글쓴이가 책을 읽고 헬렌켈러에게서 느낀 점을 잘 나타내 주므로 알맞은 제목입니다.
- **열병을 앓은 헬렌켈러** : 헬렌켈러는 아기였을 때 심한 열병을 앓아 눈과 귀가 멀었다고 나타나 있습니다. 그러나 이것은 헬렌켈러가 장애를 극복하고 성인이 되어 한 일 등을 담지 못하므로 부족한 제목입니다.
- **장애인을 배려하자** : 헬렌켈러는 자신의 장애를 극복하고 장애인들을 위해 많은 일들을 했다고 나타나 있습니다. 그러나 장애인들 배려하자는 주장은 나타나 있지 않으므로 이것은 글의 내용과 상관없는 제목입니다.

끄덕끄덕 공감하기

1. • 눈이 보이지 않으면 : ②, ③
   • 귀가 들리지 않으면 : ①, ④
2. ④

해설

이 글은 〈헬렌켈러〉를 읽고 주인공인 헬렌켈러에게 편지 형식으로 쓴 독서 감상문입니다. 이 글에는 헬렌켈러에게 하고 싶은 말과 헬렌켈러를 보고 느낀 점과 자신에 대한 반성 등이 잘 나타나 있습니다.

04회 | 29~32쪽

글밥지도 그리기

- 가 ① 책과 함께 하는 여행
- 나 ③ 어린이
- 다 ④ 책과 친해지게 하려고
- 라 ⑥ 책 만들기
- 마 ⑧ 별나라 도서관

● 이 글의 제목은?

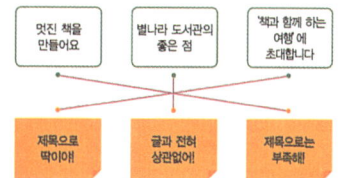

해설

- **멋진 책을 만들어요** : 제시문에 별나라 도서관 3층에서 직접 책을 만들어 볼 수 있다고 나타나 있습니다. 그러나 책을 만드는 것은 '책과 함께 하는 여행' 행사 중 하나이며, 행사를 연 까닭이나 다른 행사 내용을 담고 있지 못하므로 부족한 제목입니다.
- **별나라 도서관의 좋은 점** : 제시문에 별나라 도서관의 좋은 점에 대한 내용은 전혀 나타나 있지 않습니다. 그러므로 이것은 글의 내용과 상관없는 제목입니다.
- **'책과 함께 하는 여행'에 초대합니다** : 이 글은 별나라 도서관에서 열리는 '책과 함께 하는 여행' 행사에 어린이들을 초대하는 글입니다. 그러므로 이것이 알맞은 제목입니다.

요목조목 따져보기

1. ① 결혼식 ② 돌잔치 ③ 학예회
2. ③

해설

별나라 도서관에서는 독서의 계절인 가을을 맞이하여 어린이들이 책과 친해지는 기회를 만들기 위해 '책과 함께 하는 여행' 행사를 마련하였습니다. 도서관은 책을 파는 곳이 아니므로 책을 많이 팔려고 한다는 의견은 알맞지 않습니다.

05회 | 33~36쪽

글밥지도 그리기

- 가 ② 소나무
- 나 ④ 늦가을
- 다 ⑥ 쓸쓸하다.
- 라 ⑦ 매우 거칠다.
- 마 ⑧ 둥그스름하다.

● 이 글의 제목은?

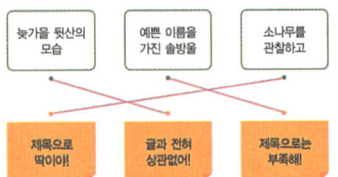

해설
- 늦가을 뒷산의 모습 : 글쓴이는 늦가을에 부모님과 뒷산으로 등산을 갔다고 하였습니다. 그러나 늦가을 뒷산의 모습은 자세하게 나타나 있지 않으므로 이것은 글의 내용과 상관없는 제목입니다.
- 예쁜 이름을 가진 솔방울 : 제시문에 솔방울이라는 이름이 참 예쁘다는 생각을 했다고 나타나 있습니다. 그러나 이 제목은 솔잎이나 줄기 등의 관찰 내용은 담지 못하므로 부족한 제목입니다.
- 소나무를 관찰하고 : 이 글은 소나무를 눈으로 보고, 손으로 만져 보고, 맛을 보며 관찰한 내용과 관찰하면서 느낀 점을 쓴 글입니다. 그러므로 이것이 알맞은 제목입니다.

요목조목 따져보기

1. [예시]
① △ ② ○ ③ ○ ④ △ ⑤ ○ ⑥ △

2. ①

해설
관찰 기록문은 직접 관찰한 내용을 쓰는 것이므로 상상한 내용을 쓰면 안 됩니다. 관찰 기록문을 쓰다가 잘 모르는 것이나 더 알고 싶은 것이 있을 때에는 백과사전이나 책을 찾아보고 정확한 사실을 써야 합니다.

06회 | 37~40쪽

글밥지도 그리기

- 가 ① 36번
- 나 ② 선생님
- 다 ④ 이름 순서
- 라 ⑥ 급식 시간
- 마 ⑧ 반찬

● 이 글의 제목은?

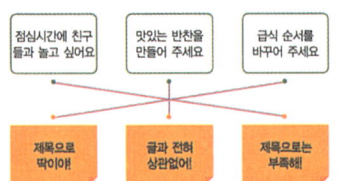

해설
- 점심시간에 친구들과 놀고 싶어요 : 맨 마지막에 급식을 받는데다가 밥 먹는 속도도 느린 글쓴이는 점심시간에 친구들과 놀지 못한다고 하였습니다. 그러나 이것은 글쓴이가 겪는 불편함 중 하나이므로 부족한 제목입니다.
- 맛있는 반찬을 만들어 주세요 : 맨 마지막에 급식을 받는 글쓴이는 앞 사람이 맛있는 반찬을 모두 가져가 버려 먹지 못할 때가 있다고 하였습니다. 그러나 맛있는 반찬을 만들어 달라는 것은 나타나 있지 않으므로 이것은 글의 내용과 상관없는 제목입니다.
- 급식 순서를 바꾸어 주세요 : 맨 끝 번호인 글쓴이는 이름 순서대로 급식을 하여 일어나는 여러 가지 불편한 점들을 말하며 급식 순서를 바꾸어 줄 것을 부탁하고 있습니다. 그러므로 이것이 알맞은 제목입니다.

요목조목 따져보기

1. ③

해설
키나 번호, 이름 순서대로 급식을 받으면 키가 가장 크거나 뒷번호인 친구, 그리고 이름이 끝인 친구는 항상 마지막에 급식을 먹게 됩니다. 그러므로 공평한 방법이라고 볼 수 없습니다.

2. ④

해설
학교생활을 하면서 불편한 점이 있을 때에는 무조건 참기보다는 무엇이 불편한지, 왜 불편한지, 어떻게 고쳤으면 좋겠는지 등을 선생님께 자세하게 말하는 것이 좋습니다. 부탁하는 것과 그 까닭이 적절하면 선생님도 부탁을 들어주실 것입니다.

07회 | 41~44쪽

글밥지도 그리기

- 가 ② 먹이를 구하기 위해
- 나 ③ 숲속 마을
- 다 ⑥ 가뭄
- 라 ⑤ 까치
- 마 ⑧ 비둘기

● 이 글의 제목은?

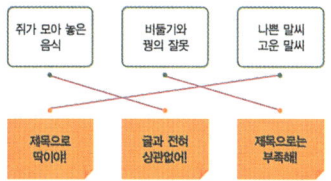

> **해설**
> - **쥐가 모아 놓은 음식** : 제시문에 쥐는 사람이 버린 음식을 모아 둔다고 하였습니다. 그러나 이 글은 나쁜 말씨와 좋은 말씨에 대한 내용이므로 이것은 글의 내용과 상관없는 제목입니다.
> - **비둘기와 꿩의 잘못** : 쥐에게 먹이를 구하러 간 비둘기와 꿩은 거드름을 피우고 함부로 말하는 잘못을 저질렀습니다. 그러나 이것은 까치의 좋은 말씨에 대한 내용은 담지 못하므로 부족한 제목입니다.
> - **나쁜 말씨 고운 말씨** : 제시문은 쥐에게 함부로 말하여 먹이도 얻지 못하고 쫓겨난 꿩과 비둘기, 쥐에게 예의 바르게 말하여 먹이를 얻는 까치가 등장하는 이야기입니다. 꿩과 비둘기는 나쁜 말씨를 사용하고, 까치는 고운 말씨를 사용하였으므로 이것이 알맞은 제목입니다.

끄덕끄덕 공감하기

1. ②
2. ②

> **해설**
> 이 글은 다른 사람의 기분이 상하지 않도록 예의 바르게 말하자는 교훈을 담고 있습니다. 다른 사람의 집에 함부로 찾아가지 말자는 것은 글의 내용과 상관없습니다.

08회 | 45~48쪽

글밥지도 그리기

- 가 ① 몸속의 물
- 나 ③ 몸의 온도
- 다 ⑤ 영양분
- 라 ⑥ 1리터 반~2리터
- 마 ⑧ 심한 갈증을 느낀다.

● 이 글의 제목은?

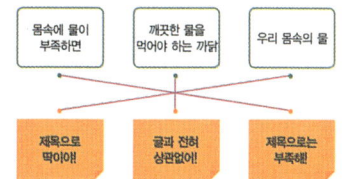

> **해설**
> - **몸속에 물이 부족하면** : 제시문에 몸속에 물이 부족하면 여러 가지 문제를 일으키고 목숨을 잃을 수도 있다고 나타나 있습니다. 그러나 이것은 우리 몸속의 물의 양, 몸속의 물이 하는 일 등은 담지 못하므로 부족한 제목입니다.
> - **깨끗한 물을 먹어야 하는 까닭** : 제시문에 우리 몸속의 물이 부족하지 않도록 깨끗한 물을 자주 마시라고 나타나 있습니다. 그러나 여러 가지 물 중 깨끗한 물을 마셔야 하는 까닭에 대해서는 나타나 있지 않으므로 이것은 글의 내용과 상관없는 제목입니다.
> - **우리 몸속의 물** : 제시문은 우리 몸속의 물의 양, 몸속의 물이 하는 일, 몸속에 물이 부족하면 생기는 문제 등 우리 몸속의 물에 대하여 설명하는 글입니다. 그러므로 이것이 알맞은 제목입니다.

요목조목 따져보기

1. ① 약 70퍼센트 ② 소화 ③ 영양분 ④ 1리터 반~2리터
2. ①

> **해설**
> 제시문에 건강을 유지하려면 하루에 약 1리터 반~2리터의 물을 마셔야 하며, 우리 몸속에 물이 부족하지 않도록 깨끗한 물을 자주 마셔야 한다고 나타나 있습니다. 물을 한꺼번에 마시는 것은 좋지 않습니다.

09회 | 49~52쪽

글밥지도 그리기

가 ① 일본
나 ⑧ 일본이 어떤 모습일지 궁금해서
다 ④ 청수사
라 ⑤ 오래된 집들과 가게
마 ⑦ 후지산

● 이 글의 제목은?

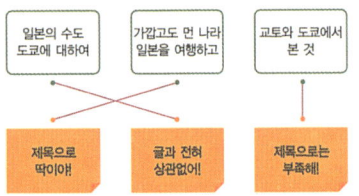

해설
- **일본의 수도 도쿄에 대하여** : 제시문에 일본의 수도인 도쿄에 갔다고 나타나 있습니다. 그러나 도쿄가 수도로서 어떤 역할을 하는지 등은 나타나 있지 않으므로 이것은 글의 내용과 상관없는 제목입니다.
- **가깝고도 먼 나라 일본을 여행하고** : 제시문은 일본을 여행하면서 보고 듣고 느낀 것을 쓴 기행문입니다. 그러므로 이것이 알맞은 제목입니다.
- **교토와 도쿄에서 본 것** : 제시문에 교토와 도쿄에서 본 것이 나타나 있습니다. 그러나 이것은 교토와 도쿄에서 들은 것과 느낀 것은 담지 못하므로 부족한 제목입니다.

끄덕끄덕 공감하기

1. ① 도쿄 ② 교토
2. ④

해설
일본 사람들은 한 해의 마지막 날이 아니라 새해 첫날 밤 '후지산' 꿈을 꾸면 그 해에는 운이 좋다고 생각하였습니다.

10회 | 53~56쪽

글밥지도 그리기

가 ① 독서
나 ② 한 학기 동안
다 ⑤ 책을 많이 읽자.
라 ⑥ 지식
마 ⑧ 생각하는 힘

● 이 글의 제목은?

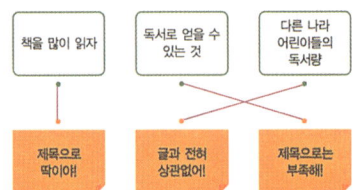

해설
- **책을 많이 읽자** : 제시문은 우리나라 어린이들의 독서량이 적다는 문제점을 드러내며 책을 많이 읽자는 주장과 그렇게 주장하는 까닭을 쓴 글입니다. 그러므로 글쓴이의 주장이 담긴 이것이 알맞은 제목입니다.
- **독서로 얻을 수 있는 것** : 제시문에 독서를 하면 생각하는 힘을 기를 수 있고, 꿈을 키울 수 있으며, 지식과 감동과 재미를 얻을 수 있다고 나타나 있습니다. 그러나 글쓴이의 주장은 담지 못하므로 이것은 부족한 제목입니다.
- **다른 나라 어린이들의 독서량** : 제시문에 우리나라 어린이들의 독서량이 다른 나라 어린이들에 비해 낮다고 나타나 있습니다. 그러나 다른 나라 어린이들이 독서량에 대해서는 자세하게 나타나 있지 않으므로 이것은 글의 내용과 상관없는 제목입니다.

요목조목 따져보기

1. ③
2. ③

해설
이 글은 독서의 중요성을 강조하며 독서를 많이 하자는 내용의 주장하는 글입니다. 그러므로 게임하는 시간을 줄이자는 것은 글의 제목으로 어울리지 않습니다.

11회 | 57~60쪽

글밥지도 그리기

- 가 ② 수상 스포츠 체험
- 나 ③ 달빛초등학교 어린이
- 다 ⑤ 협동심
- 라 ⑥ 노를 젓는 방법
- 마 ⑧ 안전 훈련

● 이 글의 제목은?

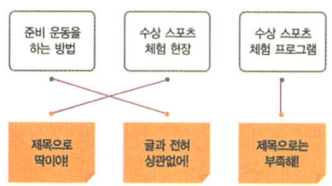

해설
- **준비 운동을 하는 방법**: 제시문에 물에 들어가기 전에 준비 운동을 충분히 해야 몸에 무리가 오지 않는다고 나타나 있습니다. 그러나 준비 운동을 하는 방법은 전혀 나타나 있지 않으므로 이것은 글의 내용과 상관없는 제목입니다.
- **수상 스포츠 체험 현장**: 제시문은 수상 스포츠 체험 현장에 나가 체험을 하는 목적과 프로그램 내용, 체험에서 중요한 것 등을 인터뷰한 기사문입니다. 그러므로 이것이 알맞은 제목입니다.
- **수상 스포츠 체험 프로그램**: 제시문에 구명조끼를 입고 물 위에 뜨는 방법, 물에 빠졌을 때 배에 다시 올라타는 방법, 노를 젓는 방법 등의 프로그램에 대하여 나타나 있습니다. 그러나 이것은 체험을 하는 까닭이나 체험에서 중요한 것은 담지 못하므로 부족한 제목입니다.

요목조목 따져보기

1. ① 공포심 ② 협동심 ③ 구명조끼 ④ 노 젓기
2. ④

해설
이 글은 기자가 수상 스포츠 체험 현장에 나가 체험을 마련한 선생님을 인터뷰한 내용을 그대로 쓴 것으로, 기자의 주장은 전혀 나타나 있지 않습니다.

12회 | 61~64쪽

글밥지도 그리기

- 가 ① 피터와 늑대
- 나 ③ 효주네 집
- 다 ⑤ 늑대
- 라 ⑧ 플루트
- 마 ⑥ 팀파니와 큰북

● 이 글의 제목은?

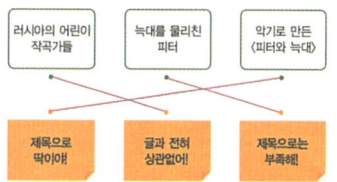

해설
- **러시아의 어린이 작곡가들**: 제시문에 〈피터와 늑대〉는 러시아의 작곡가 프로코피예프가 어린이를 위해 만든 음악이라고 나타나 있습니다. 그러나 러시아의 어린이 작곡가들에 대한 내용은 나타나 있지 않으므로 이것은 글의 내용과 상관없는 제목입니다.
- **늑대를 물리친 피터**: 제시문에 피터가 목장에 나타난 늑대를 물리치고 행진을 한다고 나타나 있습니다. 그러나 이것은 〈피터와 늑대〉 음악의 줄거리이며, 글쓴이의 감상은 담지 못하므로 부족한 제목입니다.
- **악기로 만든 〈피터와 늑대〉**: 제시문은 등장인물의 성격이나 행동에 알맞은 악기를 사용하여 만든 음악, 〈피터와 늑대〉를 감상하고 줄거리와 느낀 점을 쓴 음악 감상문입니다. 그러므로 이것이 알맞은 제목입니다.

끄덕끄덕 공감하기

1. [예시]
   ① 캐스터네츠 ② 탬버린 ③ 큰북
2. ②

해설
제시문에 명랑하고 밝은 피터는 현악 4중주(바이올린, 비올라, 첼로, 더블베이스)로 표현했다고 나타나 있습니다. 큰북은 현악 4중주에 포함되지 않습니다.

13회 | 65~68쪽

글밥지도 그리기

- 가 ① 과자 공장
- 나 ② 지난 금요일
- 다 ④ 몸을 소독하기
- 라 ⑥ 사탕
- 마 ⑧ 과자와 사탕을 선물 받음

● 이 글의 제목은?

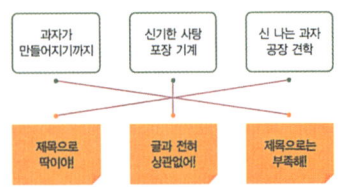

해설
- **과자가 만들어지기까지** : 제시문에 기계가 밀가루를 반죽하고, 반죽한 것을 자르고 굽는 과정이 나타나 있습니다. 그러나 이것은 껌과 사탕을 만드는 모습은 담지 못하므로 부족한 제목입니다.
- **신기한 사탕 포장 기계** : 제시문에 사탕 포장 기계에 대한 내용은 전혀 나타나 있지 않습니다. 그러므로 이것은 글의 내용과 상관없는 제목입니다.
- **신 나는 과자 공장 견학** : 제시문은 과자 공장을 견학하면서 보고 듣고 느낀 것을 쓴 견학 기록문입니다. 그러므로 이것이 알맞은 제목입니다.

요목조목 따져보기

1. ① 3 ② 1 ③ 2 ④ 4
2. ①

해설
제시문에 '공장은 무척 컸는데 일하는 사람은 별로 없었다. 사람 대신 기계가 일하기 때문이라고 했다.'라고 나타나 있습니다. 그러므로 많은 사람들이 일하는 모습을 구경했다는 내용은 맞지 않습니다.

14회 | 69~72쪽

글밥지도 그리기

- 가 ② 가족들이 방귀 뀌는 모습
- 나 ④ 방귀
- 다 ⑤ 호령 방귀
- 라 ⑥ 사랑 방귀
- 마 ⑦ 손자

● 이 시의 제목은?

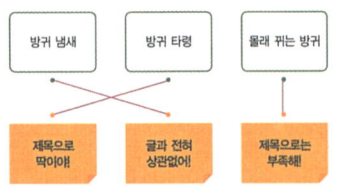

해설
- **방귀 냄새** : 제시문은 인물의 행동이나 마음을 방귀에 빗대어 부른 것으로 방귀 냄새를 떠올릴 만한 내용은 나타나 있지 않습니다. 그러므로 이것은 글의 내용과 상관없는 제목입니다.
- **방귀 타령** : 제시문은 가족들의 행동이나 마음을 방귀에 빗대어 부른 전래 동요입니다. 그러므로 이것이 알맞은 제목입니다.
- **몰래 뀌는 방귀** : 몰래 뀌는 방귀는 시아버지와 시어머니 앞에서 함부로 방귀를 뀌지 못하고 몰래 뀌어야 하는 며느리의 방귀입니다. 이것은 다른 가족들의 방귀를 담지 못하므로 부족한 제목입니다.

끄덕끄덕 공감하기

1. [예시]
   허허, 사랑, 어흥, 잔소리, 후닥닥
2. ④

해설
제시문에서는 시아버지와 시어머니 앞에서 함부로 방귀를 뀌지 못하고 몰래 뀌는 며느리의 모습을 떠올릴 수 있습니다. 며느리가 시어머니에게 구박받아서 울고 있는 모습은 어울리지 않습니다.

15회 | 73~76쪽

글밥지도 그리기

- 가 ① 삶은 달걀과 날달걀
- 나 ③ 우미
- 다 ⑤ 같아서
- 라 ⑥ 오래 돈다.
- 마 ⑧ 꽉 차 있어서

● 이 글의 제목은?

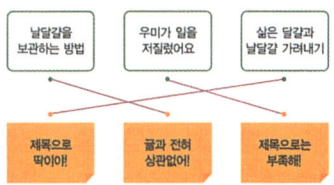

해설

- **날달걀을 보관하는 방법** : 제시문에 날달걀을 보관하는 방법은 전혀 나타나 있지 않습니다. 그러므로 이것은 글의 내용과 상관없는 제목입니다.
- **우미가 일을 저질렀어요** : 제시문에 우미가 삶은 달걀을 넣어 둔 통에 날달걀을 넣어 버렸다고 나타나 있습니다. 그러나 이것은 일이 왜 발생했는지를 보여 주는 것이며 어떻게 달걀을 구별했는지를 담지 못하므로 부족한 제목입니다.
- **삶은 달걀과 날달걀 가려내기** : 제시문은 눈으로는 구별하기 힘든 삶은 달걀과 날달걀을 구별하면서 생긴 일과 느낌을 적은 글입니다. 그러므로 이것이 알맞은 제목입니다.

끄덕끄덕 공감하기

1. ① 돌려 보면 ② 삶은 달걀 ③ 날달걀
2. ③

해설

제시문에 삶은 달걀은 속이 꽉 차서 오래 돌고, 날달걀은 속이 액체라서 금방 멈춘다고 나타나 있습니다.

16회 | 77~80쪽

글밥지도 그리기

- 가 ① 내 방
- 나 ③ 세계 지도
- 다 ⑤ 라디오
- 라 ⑥ 창문
- 마 ⑧ 서랍장

● 이 글의 제목은?

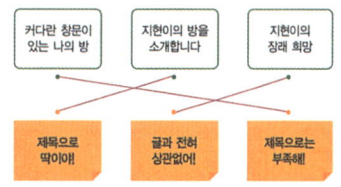

해설

- **커다란 창문이 있는 나의 방** : 제시문에 지현이의 방 가운데에는 커다란 창문이 있다고 나타나 있습니다. 그러나 이것은 지현이 방의 전체 모습을 담지 못하므로 부족한 제목입니다.
- **지현이의 방을 소개합니다** : 제시문은 지현이가 자신의 방에 있는 것들을 방문, 왼쪽, 가운데, 오른쪽의 순서대로 소개하는 글입니다. 그러므로 이것이 알맞은 제목입니다.
- **지현이의 장래 희망** : 제시문에 지현이의 방문 뒤에는 탐험가를 꿈꾸며 매일 보는 세계 지도가 붙어 있다고 나타나 있습니다. 그러나 지현이의 장래 희망에 대한 자세한 설명은 나타나 있지 않으며 방을 소개하는 글과는 관련이 없으므로 이것은 글의 내용과 상관없는 제목입니다.

요목조목 따져보기

1. 하마 연필통, 컴퓨터
2. ③

해설

제시문은 지현이가 자신의 방에 있는 것들을 사실대로 쓴 글입니다. 그러므로 여러 가지 물건이 많은 것처럼 꾸며 썼다는 것은 맞지 않습니다.

17회 | 81~84쪽

글밥지도 그리기

가 ② 아낌없이 주는 나무
나 ⑤ 어른이 되었을 때
다 ⑧ 할아버지가 되었을 때
라 ⑦ 엄마와 아빠
마 ⑥ 나

● 이 글의 제목은?

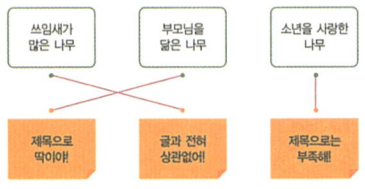

> **해설**
> • **쓰임새가 많은 나무** : 제시문에 소년은 나무의 열매로 돈을 벌고, 가지로 집을 짓고, 줄기로 배를 만들었다고 나타나 있습니다. 그러나 이것은 소년을 위해 모든 것을 준 나무의 사랑과는 거리가 멀므로 글의 내용과 상관없는 제목입니다.
> • **부모님을 닮은 나무** : 제시문은 〈아낌없이 주는 나무〉를 읽고 책의 줄거리와 책을 읽고 생각하고 느낀 점을 쓴 독서 감상문입니다. 책의 내용을 통해 나무가 부모님과 닮았다는 점을 느꼈으므로 이것은 책의 내용과 느낀 점을 모두 포함하는 알맞은 제목입니다.
> • **소년을 사랑한 나무** : 제시문에 나타난 책의 줄거리에는 소년을 사랑한 나무가 소년을 위해 모든 것을 준 내용이 담겨 있습니다. 그러나 이것은 책의 줄거리일 뿐 생각하고 느낀 점을 담지 못하므로 부족한 제목입니다.

끄덕끄덕 공감하기

1. 귀찮다.
2. ④

> **해설**
> 제시문에서 소년이 나무에게서 가져간 것은 열매, 가지, 줄기의 순입니다. 열매로 돈을 벌고, 가지로 집을 짓고, 줄기로 배를 만들었다고 나타나 있습니다.

18회 | 85~88쪽

글밥지도 그리기

가 ② 진수가 혁규에게
나 ④ 부탁
다 ⑤ 축구 연습
라 ⑦ 동생
마 ⑧ 태권도

끄덕끄덕 공감하기

1. ②
2. ②

> **해설**
> 거절하는 편지를 쓸 때에는 상대방이 기분 나쁘지 않도록 예의 바른 말로 왜 부탁을 거절하는지 자세히 써야 합니다. 또한 부탁을 들어주지 못하는 안타까운 마음과 미안한 마음이 잘 나타나도록 써야 합니다.

19회 | 89~92쪽

글밥지도 그리기

- 가 ② 공원 화장실
- 나 ③ 마을 주민들
- 다 ⑤ 더럽다.
- 라 ⑦ 물 내리기
- 마 ⑧ 휴지통

● 이 글의 제목은?

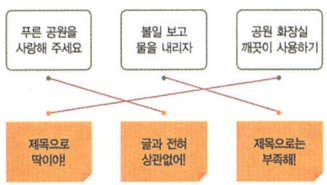

해설
- **푸른 공원을 사랑해 주세요** : 제시문은 푸른 공원 안에 있는 공원 화장실을 깨끗하게 이용해 달라고 부탁하는 글입니다. 푸른 공원에 대한 내용은 나타나 있지 않으므로 이것은 글의 내용과 상관없는 제목입니다.
- **볼일 보고 물을 내리자** : 제시문에 볼일을 보면 다른 사람을 위해 꼭 물을 내려 달라고 나타나 있습니다. 그러나 이것은 공원 화장실을 깨끗하게 이용하는 방법 중 하나이므로 부족한 제목입니다.
- **공원 화장실 깨끗이 사용하기** : 제시문은 공원 화장실이 너무 더럽다는 문제점을 지적하면서 공원 화장실을 이용하는 마을 주민들에게 공원 화장실을 깨끗이 써 달라고 부탁하는 글입니다. 그러므로 이것이 알맞은 제목입니다.

요목조목 따져보기

1.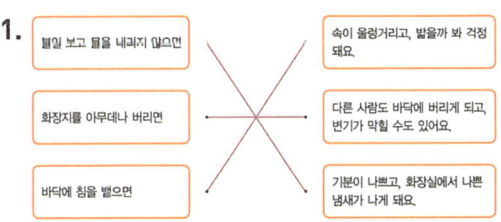

2. ②

해설
주장을 할 때에는 다른 사람들이 그 주장을 받아들일 수 있는 바람직한 것이어야 합니다. 마을 주민들이 공원 화장실을 사용하지 못하게 해야 한다는 것은 바람직한 방법이 아닙니다. 억지로 사용하지 못하게 하는 것보다는 깨끗하게 사용하도록 하는 것이 중요합니다.

20회 | 93~96쪽

글밥지도 그리기

- 가 ① 파리지옥
- 나 ③ 두 장
- 다 ④ 가시 같은
- 라 ⑥ 잎의 안쪽
- 마 ⑧ 세 개 정도

● 이 글의 제목은?

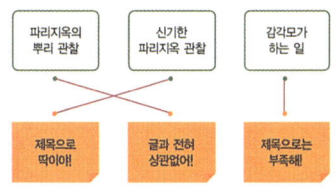

해설
- **파리지옥의 뿌리 관찰** : 제시문에는 파리지옥의 뿌리를 관찰한 내용은 나타나 있지 않으므로 이것은 글의 내용과 상관없는 제목입니다.
- **신기한 파리지옥 관찰** : 제시문은 신기하게 생긴 파리지옥을 관찰하고 쓴 글입니다. 그러므로 이것이 알맞은 제목입니다.
- **감각모가 하는 일** : 제시문에 감각모는 벌레의 움직임을 알아채어 파리지옥의 잎을 닫게 하는 일을 한다고 나타나 있습니다. 그러나 이것은 파리지옥을 관찰한 내용을 담지 못하므로 부족한 제목입니다.

요목조목 따져보기

1. ① 감각모 ② 소화액 ③ 소화
2. ③

해설
제시문에서 글쓴이는 잎이 닫히는 모습이 궁금하여 파리가 나타나기를 한참 동안 기다렸지만 아쉽게도 파리는 나타나지 않았다고 하였습니다. 그러므로 잎이 닫히는 모습을 보았다는 내용은 맞지 않습니다.

21회 | 97~100쪽

글밥지도 그리기

- 가 ② 찐 꽃씨
- 나 ③ 정직한
- 다 ④ 거짓말
- 라 ⑤ 빈 화분
- 마 ⑧ 임금을 속이면 안 된다고 생각해서

● 이 글의 제목은?

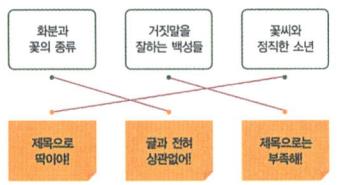

해설

- **화분과 꽃의 종류**: 제시문에 백성들은 아름다운 꽃이 핀 화분을 들고 임금에게 갔다고 나타나 있습니다. 그러나 화분과 꽃의 종류가 무엇인지는 전혀 나타나 있지 않으므로 이것은 글의 내용과 상관없는 제목입니다.
- **거짓말을 잘하는 백성들**: 제시문에 임금은 어떻게 하면 거짓말을 잘하는 백성들을 정직하게 만들 수 있을까 생각했다고 나타나 있습니다. 그러나 이것은 글 전체의 내용을 담지 못하므로 부족한 제목입니다.
- **꽃씨와 정직한 소년**: 제시문은 찐 꽃씨를 이용하여 백성들을 정직하게 만들려고 했던 임금과 벌을 받을 것을 알면서도 빈 화분을 들고 간 정직한 소년에 대한 이야기입니다. 그러므로 이것이 알맞은 제목입니다.

꼬역꼬역 공감하기

1. ① 불안했다. ② 후련했다.
2. ③

해설

이야기의 마지막 부분에 백성들은 부끄러워 고개를 들지 못했다고 하였으므로 이 이야기 뒤에는 백성들이 정직하게 살아간다는 내용이 어울립니다. 임금에게 들키지 않도록 더 큰 거짓말을 한다는 것은 이야기의 흐름과 맞지 않습니다.

22회 | 101~104쪽

글밥지도 그리기

- 가 ② 꼬리의 쓰임새
- 나 ③ 목이 긴 공룡
- 다 ⑤ 새
- 라 ⑦ 화가 나면
- 마 ⑧ 독

● 이 글의 제목은?

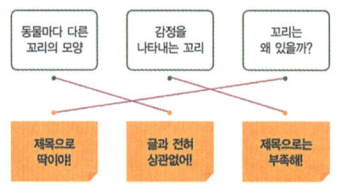

해설

- **동물마다 다른 꼬리의 모양**: 제시문의 앞부분에는 동물마다 꼬리의 모양이나 색깔이 다르다고 나타나 있습니다. 그러나 꼬리의 모양과 색깔에 대한 내용은 나타나 있지 않으며, 꼬리의 역할을 설명하는 글의 내용과 거리가 멀므로 글의 내용과 상관없는 제목입니다.
- **감정을 나타내는 꼬리**: 제시문에 고양이와 개는 꼬리로 감정을 표현한다고 나타나 있습니다. 그러나 이것은 꼬리의 역할 중 하나이므로 부족한 제목입니다.
- **꼬리는 왜 있을까?**: 제시문에는 꼬리의 역할에 대하여 나타나 있습니다. 꼬리가 있어서 몸의 균형을 잡고, 방향을 바꾸고, 감정을 나타내고, 적이 나타났을 때 무기로 사용할 수 있다고 하였으므로 이것이 알맞은 제목입니다.

요목조목 따져보기

1. ③
2. ④

해설

동물마다 꼬리의 쓰임새가 다르다고 하였습니다. 새는 꼬리로 방향을 바꾸고, 고양이나 개는 감정을 표현하고, 목이 긴 공룡은 몸의 균형을 잡는 등 동물마다 꼬리의 쓰임새가 다릅니다. 만약 목이 긴 공룡에게 새의 꼬리를 붙인다면 공룡은 앞으로 쓰러지고 말 것입니다.

23회 | 105~108쪽

글밥지도 그리기

- 가 ① 여행
- 나 ③ 지난 주말
- 다 ④ 광한루
- 라 ⑥ 배 축제
- 마 ⑦ 유달산

● 이 글의 제목은?

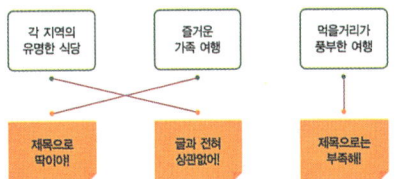

> **해설**
> - **각 지역의 유명한 식당** : 글쓴이는 각 지역에서 유명한 음식들을 먹었다고 하였습니다. 그러나 각 지역의 식당에 대한 내용은 전혀 나타나 있지 않으므로 이것은 글의 내용과 상관없는 제목입니다.
> - **즐거운 가족 여행** : 글쓴이는 남원, 나주, 목포를 여행하면서 많은 것을 보고, 먹을거리도 많았던 즐거운 여행이라고 하였습니다. 이것은 여행의 전체 느낌을 잘 담고 있으므로 알맞은 제목입니다.
> - **먹을거리가 풍부한 여행** : 글쓴이는 남원에서 추어탕, 나주에서 배, 목포에서 세발낙지 등을 먹었다고 하였습니다. 그러나 먹을거리가 여행의 중요한 목적이 아니므로 이것은 부족한 제목입니다.

끄덕끄덕 공감하기

1. ① 남원 ② 나주 ③ 목포
2. ①

> **해설**
> 글쓴이는 광한루에서 해마다 '춘향제'를 연다는 안내문만 보았을 뿐 직접 보지는 못했습니다.

24회 | 109~112쪽

글밥지도 그리기

- 가 ① 국립 어린이 박물관
- 나 ③ 부모님
- 다 ⑤ 다듬이
- 라 ⑦ 왕
- 마 ⑧ 옥좌

● 이 글의 제목은?

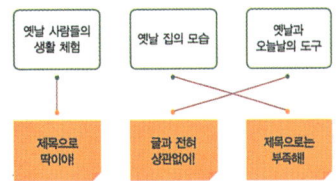

> **해설**
> - **옛날 사람들의 생활 체험** : 글쓴이는 국립 어린이 박물관에 가서 옛날 사람들의 집을 보고, 여러 가지 옛날 생활 도구들을 실제로 만져 보았습니다. 그러므로 이것이 알맞은 제목입니다.
> - **옛날 집의 모습** : 제시문에는 마루, 안방, 부엌으로 이루어진 집 구조, 한지를 바른 방문, 기와를 얹은 지붕 등 옛날 사람들의 집에 대하여 나타나 있습니다. 그러나 이것은 글쓴이가 체험한 것 중 하나이므로 부족한 제목입니다.
> - **옛날과 오늘날의 도구** : 제시문에는 물레, 맷돌, 절구, 다듬이 등 옛날 도구들이 나타나 있습니다. 그러나 오늘날의 도구는 전혀 나타나 있지 않으므로 이것은 글의 내용과 상관없는 제목입니다.

요목조목 따져보기

1. ②
2. ④

> **해설**
> 지금도 지붕에 기와를 얹은 집들을 볼 수 있으며, 맷돌이나 절구 등을 사용하는 곳도 있습니다. 그러므로 옛날 집이나 도구가 모두 사라지고 없어졌다는 것은 알맞지 않습니다.

25회 | 113~116쪽

 글밥지도 그리기

- 가 ② 상추 씨앗 심기 행사
- 나 ④ 농작물
- 다 ③ 달빛초등학교 어린이
- 라 ⑥ 흙
- 마 ⑦ 물

● 이 글의 제목은?

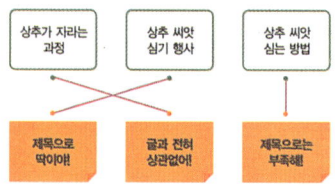

> **[해설]**
> - **상추가 자라는 과정** : 제시문에는 상추가 자라는 과정에 대한 내용은 전혀 나타나 있지 않습니다. 그러므로 이것은 글의 내용과 상관없는 제목입니다.
> - **상추 씨앗 심기 행사** : 제시문은 지난 토요일, 달빛초등학교에서 열린 '상추 씨앗 심기 행사'를 알리는 기사문입니다. 그러므로 이것이 알맞은 제목입니다.
> - **상추 씨앗 심는 방법** : 제시문에는 아이들이 선생님의 설명을 들으며 상추 씨앗을 심는 과정이 잘 나타나 있습니다. 그러나 이것은 이런 행사를 마련한 목적과 행사에 참여한 아이들의 반응 등은 담지 못하므로 부족한 제목입니다.

 요목조목 따져보기

1. 화분, 흙, 물뿌리개
2. ①

> **[해설]**
> 아이들은 작은 씨앗이 상추로 자란다는 게 신기하다고 하였습니다. 이번 행사에서는 아이들이 상추 씨앗만 심었을 뿐 상추가 자라는 모습은 보지 못하였으므로, 상추가 무럭무럭 자라는 모습이 신기하다는 내용은 알맞지 않습니다.

26회 | 117~120쪽

 글밥지도 그리기

- 가 ① 나무
- 나 ② 꽃이 핀다.
- 다 ⑤ 초록색
- 라 ⑧ 잎을 떨어뜨릴 준비를 한다.
- 마 ⑦ 겨울눈

● 이 글의 제목은?

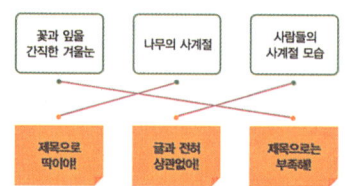

> **[해설]**
> - **꽃과 잎을 간직한 겨울눈** : 제시문에 겨울이 되면 나무에는 앙상한 가지와 내년에 필 잎과 꽃이 들어 있는 겨울눈이 남아 있다고 하였습니다. 그러나 이것은 나무의 봄, 여름, 가을의 모습은 담지 못하므로 부족한 제목입니다.
> - **나무의 사계절** : 제시문은 봄, 여름, 가을, 겨울에 볼 수 있는 나무의 모습을 소개하고 있습니다. 그러므로 이것이 알맞은 제목입니다.
> - **사람들의 사계절 모습** : 제시문은 계절에 따라 바뀌는 나무의 모습을 소개하고 있습니다. 계절에 따라 사람들의 모습이 어떻게 바뀌는지는 전혀 나타나 있지 않으므로 이것은 글의 내용과 상관없는 제목입니다.

 요목조목 따져보기

1. ① 겨울 ② 봄 ③ 여름 ④ 가을
2. ④

> **[해설]**
> 제시문에서 나무는 사람들이 뜨거운 햇볕을 피해 나무 그늘 밑으로 찾아오는 여름이 가장 좋다고 하였습니다.

27회 | 121~124쪽

글밥지도 그리기

- 가 ② 메아리
- 나 ④ 산 정상
- 다 ⑤ 아빠
- 라 ⑦ 알
- 마 ⑧ 귀

● 이 글의 제목은?

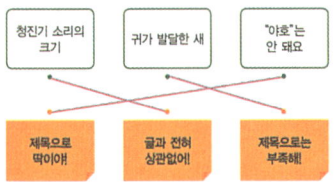

해설
- **청진기 소리의 크기** : 제시문에 청진기 소리의 크기가 어느 정도인지는 전혀 나타나 있지 않으므로 이것은 글의 내용과 상관없는 제목입니다.
- **귀가 발달한 새** : 제시문에 새는 사람보다 귀가 훨씬 발달하여 사람들의 소리가 청진기를 대고 듣는 것처럼 크게 들린다고 하였습니다. 그러나 이것은 사실만 전달할 뿐 글쓴이의 생각이나 느낀 점 등은 담지 못하므로 부족한 제목입니다.
- **"야호"는 안 돼요** : 글쓴이는 산 정상에서 "야호"를 하면 안 되는 까닭을 듣고 새들에게 미안했다고 하였습니다. 그러므로 이것이 알맞은 제목입니다.

끄덕끄덕 공감하기

1. 새도 조용히 쉬고 싶어요
2. ②

해설
제시문에는 주변을 둘러보니 "야호"를 외치는 사람이 없었다고 하였습니다. 그러므로 현정이 주변에 "야호"를 외치는 사람들이 무척 많았다는 내용은 알맞지 않습니다.

28회 | 125~128쪽

글밥지도 그리기

- 가 ① 거문고자리
- 나 ③ 아내
- 다 ④ 하데스
- 라 ⑤ 뱀
- 마 ⑦ 땅 위

● 이 글의 제목은?

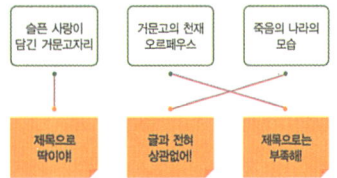

해설
- **슬픈 사랑이 담긴 거문고자리** : 제시문은 사랑하는 아내를 잃고 슬픔에 잠겨 죽은 오르페우스의 슬픈 사랑 얘기를 듣고 신들의 왕 제우스가 오르페우스의 거문고를 하늘로 올려 별자리로 만들었다는 이야기 글입니다. 그러므로 이것이 알맞은 제목입니다.
- **거문고의 천재 오르페우스** : 제시문에 오르페우스는 거문고의 천재라고 나타나 있습니다. 그러나 이것은 오르페우스의 슬픈 사랑 이야기를 담지 못하므로 부족한 제목입니다.
- **죽음의 나라의 모습** : 제시문에 오르페우스는 아내를 되찾기 위해 죽음의 나라로 들어갔다고 나타나 있습니다. 그러나 죽음의 나라가 어떤 모습인지는 전혀 나타나 있지 않으므로 이것은 글의 내용과 상관없는 제목입니다.

끄덕끄덕 공감하기

1. [예시]
강아지자리
2. ④

해설
오르페우스의 거문고 소리에 감동을 받은 것은 하데스이지만, 그의 거문고를 하늘에 올려 별자리로 만든 것은 제우스입니다.

29회 | 129~132쪽

글밥지도 그리기

- 가 ① 아기를 재우는 모습
- 나 ③ 잘도 잔다.
- 다 ⑦ 엄마 품
- 라 ⑤ 개
- 마 ⑧ 칭얼칭얼

● 이 글의 제목은?

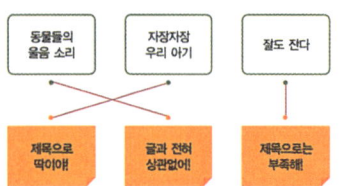

해설
- **동물들의 울음 소리** : 제시문에 아기가 자는 동안 개도 닭도 모두 울지 말라고 했습니다. 글의 내용과 상관없는 제목입니다.
- **자장자장 우리 아기** : 제시문은 아기를 재울 때 부르던 전래 동요입니다. '자장자장'은 어린아이를 재울 때 조용히 노래 부르듯이 내는 소리로 자장가와 어울리므로 이것이 알맞은 제목입니다.
- **잘도 잔다** : 제시문에 '잘도 잔다'가 여러 번 반복되어 나타나 있습니다. 그러나 이것만 보아서는 누가 자는지 알 수 없으므로 이것은 부족한 제목입니다.

끄덕끄덕 공감하기

1. [예시]
   휴대 전화야, 울리지 마라, 텔레비전아, 조용히 해라
2. ④

해설
제시문을 읽으면 엄마 품에 안겨서 편안하게 잠들어 있는 아기의 모습을 떠올릴 수 있습니다.

30회 | 133~136쪽

글밥지도 그리기

- 가 ① 동물들이 겨울을 나는 방법
- 나 ③ 청설모
- 다 ④ 사슴
- 라 ⑥ 무당벌레
- 마 ⑦ 동굴

● 이 글의 제목은?

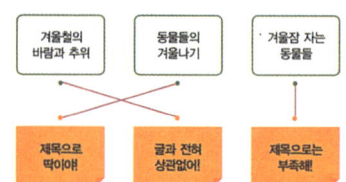

해설
- **겨울철의 바람과 추위** : 제시문에는 겨울철의 바람과 추위가 어느 정도인지 나타나 있지 않습니다. 그러므로 이것은 글의 내용과 상관없는 제목입니다.
- **동물들의 겨울나기** : 제시문에는 동물들이 저마다의 방법으로 추운 겨울을 나는 방법이 잘 나타나 있습니다. 그러므로 이것이 알맞은 제목입니다.
- **겨울잠 자는 동물들** : 제시문에 뱀, 무당벌레, 곰이 어떻게 겨울잠을 자는지 나타나 있습니다. 그러나 이것은 겨울잠을 자지 않는 동물들이 겨울을 나는 방법은 담지 못하므로 부족한 제목입니다.

요목조목 따져보기

1. ① 나뭇잎 밑 ② 곰 ③ 먹이
2. ②

해설
제시문에 곰은 깊이 자지 않고, 잠을 자다가 잠시 깨서 먹이를 먹거나 똥을 누고 다시 자는 것을 반복한다고 나타나 있습니다. 그러므로 곰이 한번 자기 시작하면 봄이 올 때까지 한 번도 안 깨고 잔다는 내용은 알맞지 않습니다.